영어, 발음강사 되다!

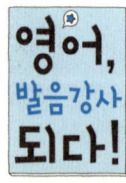

초판 2013년 1월 2일 1쇄 발행

지 은 이 | Garrett Kim
발 행 인 | 조상현
발 행 처 | ㈜위아북스

주소 서울시 마포구 공덕동 풍림빌딩 304호
문의 02-725-9988 팩스 02-725-9863
등록번호 제 300-2007-164호

홈페이지 www.wearebooks.co.kr
ISBN 978-89-6614-020-6 13740

이 책은 저작권법에 따라 보호받는 저작물이므로 무단 복제를 금지하며,
이 책 내용의 일부 또는 전부를 이용하려면 반드시 저작권자와
㈜위아북스의 서면동의를 받아야 합니다.

Preface

영어 발음강사의 이야기…

요즘은 기업의 요구나 TOEIC Speaking, TOEFL Speaking, OPIc, 영어 인터뷰의 결과를 보면, 단순한 내용 전달의 영어회화를 넘어, 원어민과 같은 언어구사력을 가진 인재를 원하고 있습니다.

그렇다면 유년시절 이중언어환경을 접하지 않은 성인은 원어민의 언어구사 능력을 포기해야 할까요? 혹은 지금까지 해왔듯이, 많은 시간과 비용을 투자해 원어민 수업을 듣고, 문법, 독해와의 연결점을 찾아 공부하면 원어민과 같은 영어를 구사할 수 있을까요? 그러한 노력으로 기본 의사소통 능력을 갖추게 되었더라도 Speaking 시험에서 고득점 상승의 벽을 넘지 못하는 이유는 무엇일까요?

그것은 영어학습 시, 필수적인 문장요소를 하나하나 정확히 듣는 것이 아니라, 몇몇 단어에 의존하거나 대략적인 상황파악으로 대화를 유지하고 있는 경우가 많기 때문입니다. 그래서 상황에 적절한 내용을 혀와 입의 근육을 연결해 자연스럽게 뱉어내기가 어려운 것이죠.

그럼, 여기서 잠깐 멈춰 서서, 조금 다른 각도의 영어 접근성을 찾아보는 것은 어떨까요? 여러 단점을 보완하기 위해서 정확한 발음과 억양의 교육이 선행된다면 어떠한 결과를 낳을 수 있을까요?

답변은 이 책의 가장 기본적이면서 새로운 접근법을 통해 배출된 수많은 제자를 통해 확인할 수 있습니다. 이들에게서 나온 '후기'의 내용은 한결같이 정확한 발음 및 억양 교육을 통해 정확하게 들을 수 있게(Listening) 되었을 뿐만 아니라, 이를 통해 들은 정확한 문장을 말할 수 있게(Speaking) 되었다는 것입니다. 단순한 반복이 아닌 유년기의 습득 과정처럼 자연스럽게, 그리고 더욱 쉽게 Listening과 Speaking 능력을 신장시켰다는 것입니다. 특히, 우리말의 모음 체계와 전혀 다른 북미 영어의 모음 체계 분석을 통한 수업 및 억양 호흡법의 분류 이론을 토대로, Native Speaker의 한계를 넘어설 수 있게 된다는 것입니다.

이처럼 정확한 사운드 개념을 가지고 영어에 접근했을 때, 발음의 변화에 큰 효과를 볼 수 있을뿐만 아니라, 영어를 받아들이는 시간을 훨씬 단축할 수 있다는 큰 장점을 가지고 있습니다. 그러니 여러분도 열정을 멈추지 말고 새롭게 시작해 보세요! 변화는 아주 가까운 곳에 있을 수 있습니다!

Special Thanks to…

Philippians 4:6-7 (NIV)
"Do not be anxious about anything, but in everything, by prayer and petition, with thanksgiving, present your requests to God. And the peace of God, which transcends all understanding, will guard your hearts and your minds in Christ Jesus."

집필 과정 속에서 두려움과 설렘 사이를 오가던 기억이 생생합니다. 늘 기도 안에서 영어발음 교육의 체계를 정확한 이론으로 확립할 수 있도록 지혜와 용기를 주신 하나님께 모든 감사를 돌리고 싶습니다.

책에 대한 아이디어가 나올 수 있게 영어 스피킹 강좌와 발음클리닉 강좌를 열 수 있게 도와주시고, 응원해주신 플랜티 어학원 전수용 대표님과 이동구 원장님께 감사의 인사를 전합니다.

또한, 책을 멋지게 만들 수 있도록 열정으로 도와주신 위아북스 조상현 대표이사님과 편집자 박종숙님, 디자인을 예쁘게 담아주신 안현진님, 저의 발음 음성과 입 모양을 녹음하고 촬영해 주신 휘미르 식구들, 그리고 TSE 스피킹 강좌와 발음클리닉 강좌를 열정으로 참여해, 매일 새로운 아이디어가 피어나게 도와준 사랑하는 제자들에게도 최고의 감사를 전하고 싶습니다.

마지막으로, 늘 삶의 여러 방면으로 경험을 쌓을 수 있게 아낌없이 도와주신 아버지, 지금은 세상을 떠나셨지만, 멀리서 나마 대견하다는 생각에 미소를 지으시리라 생각이 드니 못내 아쉽기만 합니다. 자식의 성공된 삶을 위해 늘 기도의 삶을 지켜오시며 묵묵히 지켜봐 주신 어머니, 지치지 말고 힘내라고 매일 밤 자기 전에 사랑의 말을 아끼지 않는 나의 사랑하는 딸 유리, 항상 곁에서 매일 밤늦은 시간까지 함께 하고, 이른 새벽에도 불평 한 번 없이 남편의 건강을 지켜주려 손수 도시락을 싸주며 진실한 사랑의 하루를 함께 시작해주는, 이 세상에서 그 누구와도 바꿀 수 없는 사랑하는 아내 김미경에게 마음 깊은 사랑과 감사를 전하고 싶습니다.

이 책의 구성과 특징

Today's Mission!

오늘 배울 발음을 간단하게 개괄적으로 살펴보고 학습 목표를 세우는 코너입니다. 주로 두 가지 발음을 비교하며 각각의 음높이와 음길이를 이해하기 쉽게 곡선으로 표현하였습니다. 목표 발음의 높낮이에 맞춰 따라 해보세요!

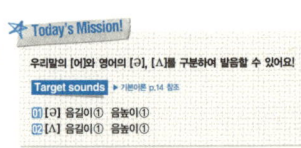

★ Today's Mission!

우리말의 [어]와 영어의 [ə], [ʌ]를 구분하여 발음할 수 있어요!

Target sounds ▶ 기본이론 p.14 참조

01 [ə] 음길이① 음높이①
02 [ʌ] 음길이① 음높이①

근육 강화 Tip!

목표 발음을 상세히 설명하는 코너입니다. 번호 순대로 차근히 따라 해보세요. QR코드에 있는 선생님 입 모양 동영상과 책의 사진을 참고한 후, 자신의 입 모양도 거울을 보면서 발음해 보세요.

근육 강화 Tip!

1. 입을 살짝 벌린 상태에서 양쪽 혀 측면을 윗어금니에 대고 입 안쪽의 혀뿌리에 힘을 약간 가하여 안쪽으로 슬그머니 당깁니다.
2. 이때 우리말의 [으]에 가까운 소리를 내보세요. 하지만 우리말의 완전한 [으] 소리는 아닙니다.

근육 강화 연습

자음의 종류에 따라 달라지는 음높이를 학습하는 코너입니다. "기본이론"에서 배운 내용을 바탕으로 음길이와 음높이를 학습해 봅니다. MP3 파일의 선생님 음성을 참고하며 따라해보세요.

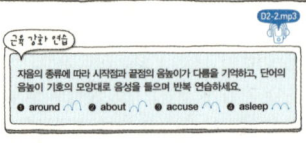

근육 강화 연습

자음의 종류에 따라 시작점과 끝점의 음높이가 다름을 기억하고, 단어의 음높이 기호의 모양대로 음성을 들으며 반복 연습하세요.

❶ around   ❷ about   ❸ accuse   ❹ asleep

Word Practice

"근육 강화 연습"에서 학습한 내용을 바탕으로 해당 발음의 음높이를 표시해보는 연습문제입니다. 또한, 오늘 학습한 발음의 음성파일을 듣고, 해당하는 단어에 맞는 발음 기호를 완성해보는 연습문제입니다.

ə	음높이 기호
❶ about	⌢
❷ around	
❶ afraid	[ə]
❷ putt	[ ]

문장 훈련

Day 1의 "기본이론"에서 학습한, 음절을 연결하며 생기는 연결공식을 문장으로 공부하는 코너입니다. 공식에 따라 음절을 연결하다 보면 자연스럽게 억양이 생기는 것을 알 수 있죠. 음성파일을 따라 하며 억양 연습까지 해보세요.

1. [ə]와 [ʌ] 단어 그룹을 연결하여 문장을 발음하는 연습을 해볼까요?
▶ 기본이론의 연결공식 파트를 참고하세요. p.20

- 장모음
- 단모음
- 무성음 / 자체강세모음
- 유성음

I love you so much.

Sentence Practice

"문장 훈련" 코너에서 학습한 내용을 바탕으로 연습문제를 풀어보세요. MP3 음성파일이 천천히 1번, 정상속도로 1번, 총 2번 반복됩니다. 발음을 들으며 지금까지 배운 음높이, 음절 연결공식, 억양을 한꺼번에 복습할 기회입니다.

다음 문장을 듣고 따라한 후, 문장의 음높이와 길이를 표시하세요.

1. _____
   I love you so much.
   - 장모음
   - 단모음
   - 무성음 / 자체강세모음
   - 유성음

2. _____
   Please shut the door.

이 책의 구성과 특징 | 7

이 책의 목차

영어 발음강사의 이야기 — 004
이 책의 구성과 특징 — 006
이 책의 목차 — 008
"영어 발음강사 되다!" 프로젝트 — 010

기본이론

Day 1. 발음과 억양 — 014

Chapter 1 단모음과 [r]/[l]

Day 2. 단모음 [ə]와 [ʌ] 발음 — 024
Day 3. 단모음 [e]와 [i] 발음 — 030
Day 4. 단모음 [u] 발음 — 036
Day 5. 모음을 울려서 발음하는 자음! - [r] — 042
Day 6. 모음을 울려서 발음하는 자음! - [l] — 046

Chapter 2 기본모음

Day 7. [e]와 [æ] 발음 — 056
Day 8. [i]와 [iː] 발음 — 062
Day 9. [u]와 [uː] 발음 — 068
Day 10. [a]와 [ɔː] 발음 — 074
Day 11. [ʌ]와 [ɔː] 발음 — 080

Chapter 3 이중모음

Day 12. [ai]와 [ei] 발음 — 088

Day 13. [au]와 [ou] 발음 094
Day 14. [ɔi] 발음 100

Chapter 4 복합모음

Day 15. R 계열의 복합모음 [aɚ] 발음 108
Day 16. R 계열의 복합모음 [eɚ]와 [iɚ] 발음 114
Day 17. R 계열의 복합모음 [ɔɚ]와 [uɚ] 발음 120
Day 18. R 계열의 복합 삼중모음 [aiɚ]와 [auɚ] 발음 126

Chapter 5 자음

Day 19. [p]와 [b] 발음 134
Day 20. [f]와 [v] 발음 140
Day 21. [d], [t], [n] 발음 146
Day 22. [k]와 [g] 발음 152
Day 23. [s]와 [z] 발음 158
Day 24. [ʃ]와 [ʒ] 발음 164
Day 25. [tʃ]와 [dʒ] 발음 170
Day 26. [θ]와 [ð] 발음 176
Day 27. [h], [j], [w] 발음 182
Day 28. [m]과 [ŋ] 발음 188
정답 194

🎧 음원과 동영상 다운로드 www.wearebooks.co.kr

발음 입 모양 동영상 - 모든 Chapter의 여는 페이지

"영어, 발음강사 되다!" 프로젝트

Everyday Training …

첫째, 아침마다 짧은 모음세트 내뱉기!

/ə/, /ʌ/, /e/, /i/ 이 네 가지 짧은 모음은 한국인에게는 제일 쉽지 않은 모음들입니다. 발음하기가 쉽지 않다는 것은 영어식 발음을 낼 수 있는 근육이 없다는 것입니다. 영어식 발음에 필요한 근육을 제대로 단련하면, 머리로 복잡하게 생각하지 않아도 발음할 수 있습니다. 매일 아침 한 호흡으로 /ə/ /ə/ /ə/ – /ʌ/ /ʌ/ /ʌ/ – /e/ /e/ /e/ – /i/ /i/ /i/ 의 단모음 세트를 계속해서 훈련하세요. 이때 각 음소 발음이 호흡으로 딱딱 끊어지도록 훈련해야 합니다. 이 훈련을 할 때 한 손으로 귀를 막고 자신의 소리를 귀로 확인하면서 훈련하면 큰 도움이 됩니다.

둘째, 계단으로 다니기!

한국인이 영어식 발음을 못 하는 이유는 폐활량이 부족하기 때문입니다. 영어의 발음은 호흡이기 때문에 폐활량이 부족하면 절대로 발음을 제대로 낼 수 없습니다. 엘리베이터 타지 않고 계단으로 다니기, 윗몸 일으키기 같은 운동을 평소에 꾸준히 해주어야 합니다. 이렇게 하면 폐활량과 더불어 호흡을 사용할 수 있는 근육이 생기며 영어식 발음을 하는데 분명 도움을 줍니다.

셋째, 많이 듣고 흉내내기!

영어를 제대로 발음하기 위해서는 음감이 필요합니다. 자신이 음감이 없다고 생각하시는 분들은 영어 발음을 많이 듣고 비슷하게 흉내 내보려고 애써야 합니다. 음악과 비슷한 점이 많은 영어는 음악의 절대 음감과 같은 영어식 절대 어감이 있어야 합니다. 음악을 자주 듣게 되면 그 노래만의 특유의 리듬과 음의 높낮이를 자연스럽게 따라 할 수 있게 되듯이, 영어도 화자 특유의 리듬과 억양을 자꾸 따라 하다 보면 그 특유의 리듬감을 갖게 됩니다. 그러나 잘못된 음감을 가지게 되면 고치느라 힘든 시간을 겪게 되니 처음에 명확하게 발음을 교정받은 후에 다양한 음성 파일을 많이 듣고 따라 해보시기 바랍니다.

28일 완성 프로젝트!

스케줄표의 □에 √ 표시하면서 계획대로 프로젝트를 완성해 보세요.

	1일	2일	3일	4일	5일	6일	7일
1주	□ 동영상 1 □ Day 1	□ 동영상 2 □ Day 2	□ Day 3	□ Day 4	□ Day 5	□ Day 6	□ Day 7
	8일	**9일**	**10일**	**11일**	**12일**	**13일**	**14일**
2주	□ Day 8	□ Day 9	□ Day 10	□ Day 11	□ Day 12	□ Day 13	□ Day 14
	15일	**16일**	**17일**	**18일**	**19일**	**20일**	**21일**
3주	□ Day 15	□ Day 16	□ Day 17	□ Day 18	□ Day 19	□ Day 20	□ Day 21
	22일	**23일**	**24일**	**25일**	**26일**	**27일**	**28일**
4주	□ Day 22	□ Day 23	□ Day 24	□ Day 25	□ Day 26	□ Day 27	□ Day 28

20일 완성 프로젝트!

스케줄표의 □에 √ 표시하면서 계획대로 프로젝트를 완성해 보세요.

	1일	2일	3일	4일	5일	6일	7일
1주	□ 동영상 1 □ Day 1	□ 동영상 2 □ Day 2	□ Day 3 □ Day 4	□ Day 5 □ Day 6	□ Day 7 □ Day 8	□ Day 9	□ Day 10 □ Day 11
	8일	**9일**	**10일**	**11일**	**12일**	**13일**	**14일**
2주	□ Day 12	□ Day 13 □ Day 14	□ Day 15	□ Day 16	□ Day 17	□ Day 18	□ Day 19 □ Day 20
	15일	**16일**	**17일**	**18일**	**19일**	**20일**	
3주	□ Day 21 □ Day 22	□ Day 23	□ Day 24	□ Day 25	□ Day 26	□ Day 27 □ Day 28	완성

기본이론

Day 01 발음과 억양

• 저자 직강 동영상 1   • 저자 직강 동영상 2

영어의 모든 모음은 혀의 당김으로 인해, 혀와 입천장 사이에 생기는 틈에 의한 호흡의 흐름 속도가 뒷받침되어 반드시 한번은 음이 올라갔다가 내려옵니다. 아무리 짧은 모음이라 하더라도 호흡에 의해 음의 변화가 생겨납니다. 영어 고유의 물 흐르는 듯한 리듬감과 억양을 체득하기 위해서는 이 변화를 반드시 익혀야 합니다. 그럼, 그 리듬의 세계로 들어가 볼까요?

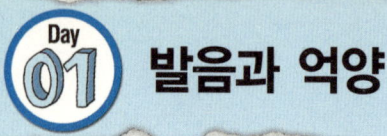

발음과 억양

01 단모음과 장모음의 음높이, 음길이 차이

A. 단모음: [ə, ʌ, e, i, u]
B. 장모음: 장모음 / 이중모음 / 삼중모음

장모음이 단모음에 비해 호흡량이 2배가량 많습니다. 호흡량이 많아지면 공기의 흐름이 빨라져서 음높이가 자연스럽게 2배가량 높아집니다. 음높이가 높아지면 당연히 음의 길이(곡선의 길이)도 2배가량 길어집니다. 이 현상들은 혀의 당김에 의해 생겨나는 현상이라 볼 수 있는데, 장모음은 혀의 당김이 더 깊다고 볼 수 있습니다. 즉, **단모음**은 장모음에 비해 당김의 깊이가 1/2밖에 되지 않으며, 입꼬리 양 옆이 벌어지지 않는다는 것입니다.

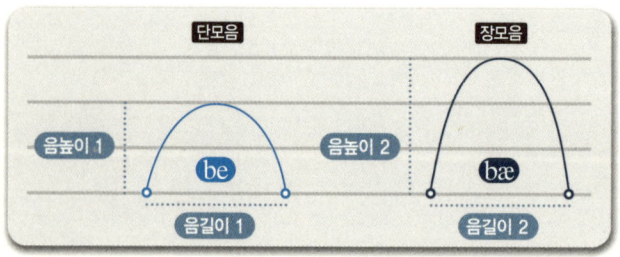

02 자음의 무성음과 유성음

휘파람을 불어보면 호흡을 강하게 뱉으면서 혀뿌리의 당김으로 혀의 위치가 입천장과 가까워질 때 공기의 흐름이 빨라지며 소리가 높아집니다. 반대로 호흡을 천천히 뱉으면 혀뿌리의 당김을 아래로 가져갑니다. 그리고 혀의 위치가 입천장과 멀어질 때 공기의 흐름이 느려지면 낮은 소리가 나게 되어 있습니다. 영어 발음의 고음과 저음에 대한 이론 또한 이와 같은 것입니다.

무성음 [p]/유성음 [b]이 공기 흐름 속도 비교: 간단한 실험으로 어떤 소리가 더 고음인지 알 수 있습니다. 손바닥을 입 앞에 대고 [p]를 내어보면 빠른 공기의 흐름을 느낄 수 있습니다. 반면에 [b]는 어떨까요? 거의 미세한 공기 속도의 흐름을 느낄 수 있습니다. 빠른 [p]는 [b]보다 고음이지요. 즉, 성대가 울리지 않는 **무성음**이 성대가 울리는 **유성음**보다 음이 높습니다.

영어의 자음은 아래와 같이 유성음, 무성음 쌍들이 있습니다.

유성음	b	d	g	v	z	ʒ	dʒ	ð	m/n/ŋ	j/w	r/l
무성음	p	t	k	f	s	ʃ	tʃ	θ	.	h	.

자음에 의한 음높이 변화 – 유성음과 무성음 대비

자음이 모음과 연결될 때, 같은 모음이더라도 모음의 앞, 뒤 자음의 종류(무성음, 유성음)에 따라 음높이가 4가지 유형으로 나타납니다. 각 유형을 이해하기 쉽게 그림으로 나타내면 다음과 같습니다.

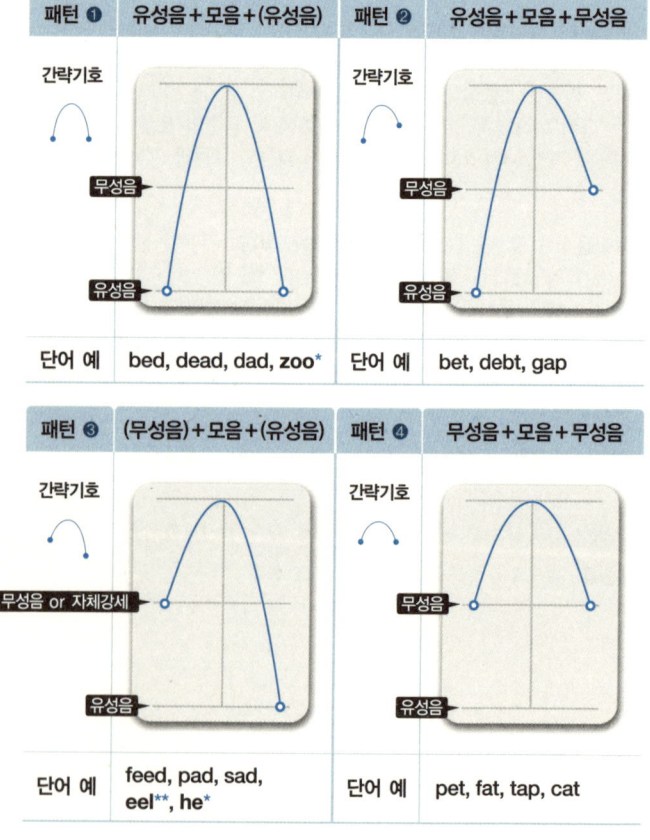

* 끝자음이 없는 단어, 끝소리로 오는 모음: 유성음대의 끝까지 음이 내려감
** 첫자음이 없는 단어, 첫소리로 오는 모음: 자체강세로서 무성음대에 시작

03 음높이, 음길이 패턴

01의 **모음(장,단모음)**과 02의 **자음(유,무성음)**을 조합하면 총 **8가지** 종류의 음높이, 음길이 패턴이 나옵니다. 아래의 음높이 패턴을 완성하면, 모든 영어의 한 음절짜리 소리들은 다 만들어 낼 수 있는 것입니다.

| 단모음의 4가지 패턴 |

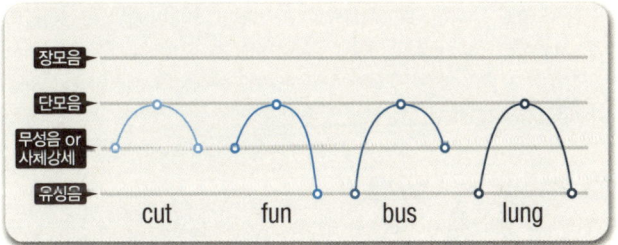

| 장모음의 4가지 패턴 |

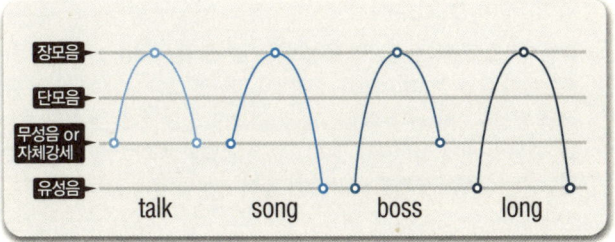

유의사항

01 호흡량, 음높이

장모음의 4가지 패턴이 단모음의 4가지 패턴에 비해 호흡량 2배, 음높이가 2배가 된다는 점을 반드시 염두하고 발음해야 합니다.

02 혀의 움직임의 속도

같은 모음을 내지만, 유성자음으로 시작하는 단어(bus)와 무성자음으로 시작하는 단어(cut)의 혀의 움직임 속도는 다릅니다. 각 자음에서 시작해서 모음의 호흡 정점에 이르는 혀의 움직임의 시간이 유성자음이 무성자음의 2배나 걸린다는 것입니다.

03 무성자음 vs. 유성자음

정점까지 올라갔다가 내려오는 나머지 길이의 모음을 낼 때 첫소리 자음과 끝자음에 따라 위턱 관절의 내려앉음의 시간도 다릅니다.
예를 들어,

- **무성자음으로 시작하는 said와 유성자음으로 시작하는 bed**
  모음이 정점에 이를 때까지의 혀의 안쪽 당김 속도는 said가 bed의 1/2 밖에 안 걸립니다.

- **무성자음으로 끝나는 set과 유성자음으로 끝나는 bed**
  정점까지 올라갔다가 내려오는 나머지 길이의 모음을 낼 때 위턱 관절의 내려앉음의 시간 속도는 set가 bed의 1/2 밖에 안 걸립니다. 즉, 모음의 강세 정점까지 걸리는 혀의 움직임 시간과 강세 정점에서부터의 나머지 모음을 내기 위한 위턱 관절의 내려오는 속도를 측정해 보면, set은 bed에 비해 거의 2배나 빠른 속도로 움직인다는 것입니다.

자음의 종류에 따른 1음절 단어들의 발음 속도를 정리해 보면 다음과 같습니다.

- **Rule 1** 무성자음/자체강세모음 시작 + 무성자음 끝 (set) = 0.5 + 0.5
- **Rule 2** 무성자음/자체강세모음 시작 + 유성자음 끝 (said) = 0.5 + 1.0
- **Rule 3** 유성자음 시작 + 무성자음 끝 (bet) = 1.0 + 0.5
- **Rule 4** 유성자음 시작 + 유성자음 끝 (bed) = 1.0 + 1.0

이 이론을 확장하여 2음절 이상의 단어들을 발음하게 되면 영어의 모든 단어들을 읽을 수 있게 됩니다. 이는 문장 안에서 단음절 간의 연결에도 적용되는데 그 연결 방식은 다음 **04 억양: 음절 사이에서 나는 4가지 소리 연결 공식**을 보면 알 수 있습니다.

04 억양: 음절 사이에서 나는 4가지 소리 연결 공식

실제 회화에서 말할 때 각 음절들의 **억양** 패턴의 자연스러운 연결을 위하여 아래와 같은 방식으로 변화하며, 연결됩니다.

연결공식 1
무성끝자음 + 무성첫자음/자체강세 모음

Take care

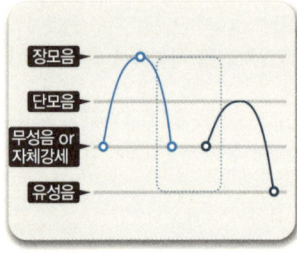

연결공식 2
무성끝자음 + 유성첫자음

Kate may

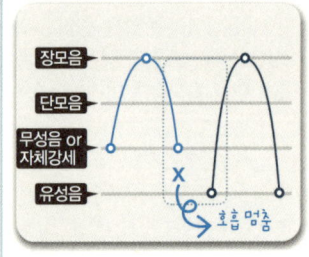

연결공식 3
유성끝자음/끝모음 + 무성첫자음/자체강세 모음

Paid for

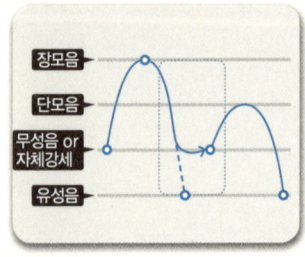

연결공식 4
유성끝자음/끝모음 + 유성첫자음

Grey day

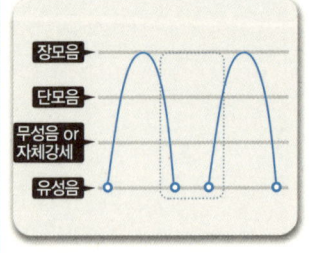

✈ 문장 안에서 for는 [fər]로 발음됩니다.

- **연결공식 1 무성끝자음 + 무성첫자음 or 자체강세 모음**
  바로 서로 연결.
- **연결공식 2 무성끝자음 + 유성첫자음**
  호흡을 멈춘 후 유성음에서 음이 다시 올라감.
- **연결공식 3 유성끝자음 or 끝모음 + 무성첫자음 or 자체강세 모음**
  유성끝자음 또는 끝모음을 옆으로 틀어서 꺾고, 다음 단어의 첫 무성음 소리까지 쭉 늘림.
- **연결공식 4 유성끝자음 or 끝모음 + 유성첫자음**
  바로 서로 연결.

Chapter 1
단모음과 [r]/[l]

- **Day 02** 단모음 [ə]와 [ʌ] 발음
- **Day 03** 단모음 [e]와 [i] 발음
- **Day 04** 단모음 [u] 발음
- **Day 05** 모음을 울려서 발음하는 자음! – [r]
- **Day 06** 모음을 울려서 발음하는 자음! – [l]

• 입 모양 동영상 – Chapter 1

단모음 [ə, ʌ, e, i, u]

영어의 발음 강세는 모음에서 주기 때문에 모음 훈련이 굉장히 중요합니다. 또한 **단모음**은 우리말의 모음들 사이에서 애매하고, 이상한 음높이로 끼어 있어, 한국인들이 제일 어려워하는 발음 중의 하나입니다. 따라서 총 발음 연습 28일 동안 단모음 발음 훈련은 하루도 빠짐없이 연습해야 합니다.

❶ 단모음의 공통적인 특징은 복근을 이용하여 짧게 끊어서 발음해야 하며, 입술과 턱에 힘이 들어가지 않아야 합니다.

❷ 입술의 입꼬리가 옆으로 넓어지지 않고, 절제하여 발음해야 합니다.

❸ 발음할 때는 혀의 뿌리가 자리하고 있는 아래턱을 고정해야 합니다. 아래턱이 움직이게 되면 혀의 위치가 자꾸 흔들리게 되어 발음이 불안정해집니다. 그래서 반드시 위턱 관절을 사용하여 음의 높낮이를 조절하도록 노력하세요.

근육 강화 Tip!

단모음 중 특히, [ə, ʌ, e, i]는 한국인이 제일 어려워하는 발음입니다. 단모음을 위한 발음 근육이 약하기 때문이지요. 그러므로 단모음을 발음하기 위한 근육을 강화하기 위해서 매일 아침 거울을 보며 /ə/ə/ə/ /ʌ/ʌ/ʌ/ /e/e/e/ /i/i/i/를 한 세트로 훈련하세요. 각 음소 발음이 호흡으로 딱딱 끊어지도록 훈련하셔야 합니다. 한 손으로 귀를 막고 자신의 소리를 확인하며 훈련하는 것도 도움이 됩니다.

단모음 [ə]와 [ʌ] 발음

우리말의 [어]와 영어의 [ə], [ʌ]를 구분하여 발음할 수 있어요!

Target sounds ▶ 기본이론 p.14 참조

01 [ə] 음길이 ① 음높이 ①
02 [ʌ] 음길이 ① 음높이 ①

[ə]와 [ʌ]는 모두 **단모음**이어서 혀가 자음 [d], [t], [n]을 내는 윗잇몸 위치보다 약간 안쪽으로 당겨진 위치에서 소리가 납니다. 두 모음의 당겨진 정도는 같지만, [ʌ]가 [ə]에 비해서 입천장이 약간 들어 올려진 상태에서 소리납니다.

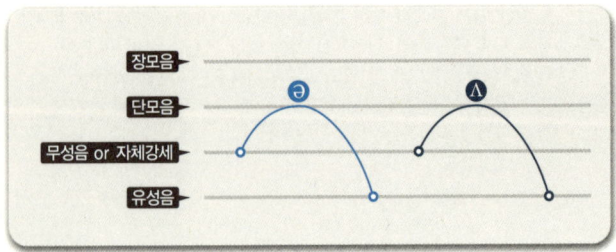

01 [ə] 슈와(schwa)

이 모음은 유일하게 이름이 있는데, **슈와(schwa)**라고 합니다. 강세를 절대 받지 않기 때문에 **약한 모음**이라고도 합니다. 영어는 여러 음절로 된 한 단어 내에서 강세를 받는 모음에 숨을 다 불어내게 되어 있습니다. 그래서 강세를 받지 않는 모음에는 호흡을 많이 불어내지 못합니다. 이러한 음절 모음은 소리가 약화되기 마련이죠. 바로 이때 나는 소리가 **schwa** [ə]입니다. 그러므로 [ə] 발음은 절대로 세게 내뱉으면 안됩니다.

근육 강화 Tip!

1. 입을 살짝 벌린 상태에서 양쪽 혀 측면을 윗어금니에 대고 입 안쪽의 혀뿌리에 힘을 약간 가하면서 안쪽으로 슬그머니 당깁니다.
2. 이때 우리말의 **[으]**에 가까운 소리를 내보세요. 하지만 우리말의 완전한 **[으]** 소리는 아닙니다.

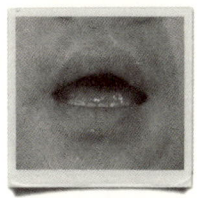

> 자음의 종류에 따라 시작점과 끝점의 음높이가 다름을 기억하고, 단어의 음높이 기호의 모양대로 음성을 들으며 반복 연습하세요.
>
> ❶ around   ❷ about   ❸ accuse   ❹ asleep

02 [ʌ] 놀란 schwa

이 모음은 schwa [ə]를 발음할 수 있으면 쉽게 할 수 있는 발음입니다. schwa를 내다가 놀랐을 때의 발음이기 때문이죠. 우리말의 **[어]**와 **[아]** 사이에서 나는 소리로, 엄연히 **[어]**와는 다른 소리입니다.

근육 강화 Tip!

1. [ə]를 낼 때 양쪽 혀 측면에 붙어 있던 윗어금니를 떼어 내면서 내는 소리입니다.
2. 혀를 schwa [ə] 만큼 당긴 상태에서 위턱 관절을 들어올리며 입을 위로만 살짝 더 벌려서 소리를 냅니다. 상당히 **빠르게 끊어서** 내야 합니다.
3. 이때 혀의 뿌리가 안쪽 입천장에 가까이 당겨지는 느낌으로 소리냅니다.

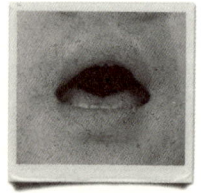

근육 강화 연습

자음의 종류에 따라 시작점과 끝점의 음높이가 다름을 기억하고, 단어의 음높이 기호의 모양대로 음성을 들으며 반복 연습하세요.

❶ bud　❷ but　❸ pud　❹ putt

Word Practice

1. 다음 단어를 듣고 연습하면서 음높이 기호를 표시해 보세요.

ə	음높이 기호	ʌ	음높이 기호
❶ about	⌒	❾ cut	
❷ around		❿ shut	
❸ accuse		⓫ cub	
❹ allow		⓬ love	
❺ abandon		⓭ bus	
❻ apology		⓮ but	
❼ alone		⓯ other	
❽ awake		⓰ brother	

2. 다음 단어를 듣고 연습하면서 [ə]와 [ʌ] 발음기호를 표시하세요.

❶ afraid	[ə]	❼ another	[ ]
❷ putt	[ ]	❽ asleep	[ ]
❸ stunt	[ ]	❾ abuse	[ ]
❹ mother	[ ]	❿ awake	[ ]
❺ about	[ ]	⓫ nothing	[ ]
❻ abandon	[ ]	⓬ fun	[ ]

03 문장 훈련

1. [ə]와 [ʌ] 단어 그룹을 연결하여 문장을 발음하는 연습을 해볼까요?
▶ 기본이론의 연결공식 파트를 참고하세요. p.20

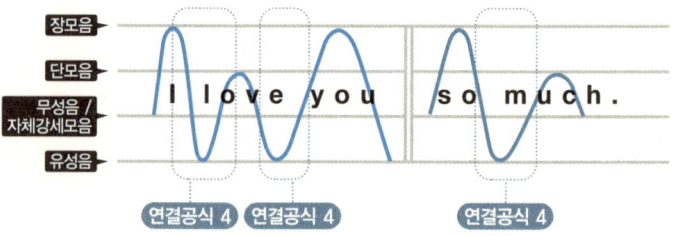

2. 그룹들을 자연스럽게 연결해서 발음해 봅시다.

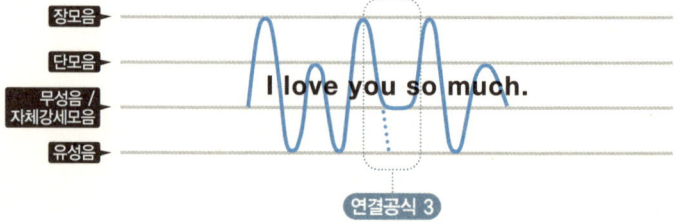

Sentence Practice

다음 문장을 듣고 따라한 후, 문장의 음높이와 길이를 표시하세요.

1. I love you so much.

   ─ 장모음
   ─ 단모음
   ─ 무성음 / 자체강세모음
   ─ 유성음

2. Please shut the door.

3. You will get in trouble.

4. My mother tongue is Korean.

5. My cousin lives with my brother.

 단모음 [e]와 [i] 발음

★Today's Mission!

우리말의 [에], [이]와 영어의 [e], [i]를 구분하여 발음할 수 있어요!

Target sounds ▶ 기본이론 p.14 참조

01 [e] 음길이 ① 음높이 ①
02 [i] 음길이 ① 음높이 ①

[e], [i]는 모두 **단모음**이어서 혀가 [d], [t], [n]을 내는 윗잇몸의 위치보다 약간 안쪽으로 당겨진 위치에서 소리가 납니다. 두 모음의 당겨진 정도는 같지만, [e]가 [i]에 비해서 천장이 약간 들어올려진 상태에서 납니다. 그리고 [i]가 [e]에 비해 윗어금니가 혀의 양 측면을 강하게 눌러주는 느낌이 듭니다.

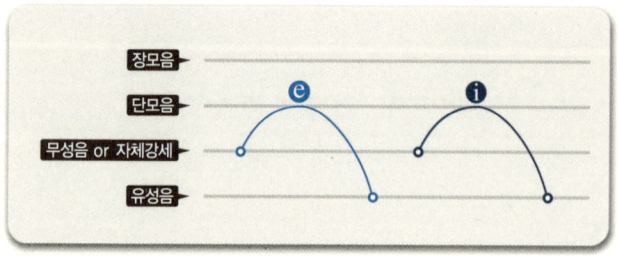

01 [e]

[e]는 우리말의 [애] 또는 [에]와는 다릅니다. 우리말로 '애기야'를 발음할 때 혀의 위치는 아랫니 밑에 내려가 있지요. 또한 입꼬리가 양옆으로 밀립니다. 그러나 영어의 [e]를 발음할 때는 우리말의 [애]를 발음할 때보다 입을 살짝 다물고 혀를 윗어금니에 붙여 올린 상태에서 소리를 내야 합니다. 이때 혀의 뿌리가 안쪽 입천장에 가까이 당기는 느낌으로 소리냅니다.

근육 강화 Tip!

1. 혀의 양 측면이 윗어금니에 닿도록 합니다.
2. 입꼬리가 양옆으로 움직이지 않도록 해야 합니다.
3. 아래턱을 아래로 내려뜨리지 않습니다. 성악가들이 위턱 관절을 쓰듯이 목을 살짝 뒤로 젖혔다가 내리면서 내면 도움이 됩니다.

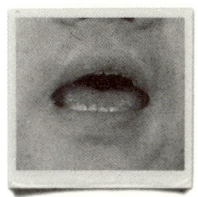

근육 강화 연습

자음의 종류에 따라 시작점과 끝점의 음높이가 다름을 기억하고, 단어의 음높이 기호의 모양대로 음성을 들으며 반복 연습하세요.

① bed ② bet ③ pen ④ pet

02 [i]

[i]는 흔히 우리말의 [이]와 영어 [e]의 중간발음이라고 말합니다. 우리말의 [이]는 발음할 때 혀의 위치가 아랫니 밑에 내려가 있지요. 하지만 영어의 [i]는 다른 단모음들과 마찬가지로 혀가 중간에 떠 있습니다. 또한 [e]와 같이 혀를 윗어금니에 붙여 올린 상태에서 소리를 내야 합니다. 이때 혀의 뿌리가 안쪽 입천장에 가까이 당기는 느낌으로 소리 냅니다.

근육 강화 Tip!

1. [e]와 마찬가지로 혀의 양 측면이 윗어금니에 닿도록 합니다.
2. 입꼬리가 양옆으로 움직이지 않도록 해야 합니다.
3. [e]를 발음할 때보다 안쪽 혀뿌리를 살짝 더 올려서 아주 짧은 소리로 끊어서 발음합니다.
4. 아래턱을 떨어뜨리지 않도록 호흡을 입안 천장에 불어올리는 느낌으로 소리냅니다.

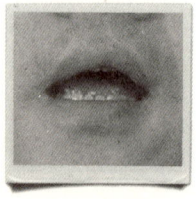

근육 강화 연습

자음의 종류에 따라 시작점과 끝점의 음높이가 다름을 기억하고, 단어의 음높이 기호의 모양대로 음성을 들으며 반복 연습하세요.

❶ bid   ❷ bit   ❸ hid   ❹ hit

Word Practice

1. 다음 단어를 듣고 연습하면서 음높이 기호를 표시해 보세요.

e	음높이 기호	i	음높이 기호
❶ check	⌒	❷ chick	
❸ pen		❹ pin	
❺ fell		❻ fill	
❼ tell		❽ Tim	
❾ bet		❿ bit	
⓫ bed		⓬ bid	
⓭ rest		⓮ wrist	
⓯ bell		⓰ bill	

2. 다음 단어를 듣고 연습하면서 [e]와 [i] 발음기호를 표시하세요.

❶ pin	[i]	❷ pen	[ ]
❸ pet	[ ]	❹ pit	[ ]
❺ rest	[ ]	❻ wrist	[ ]
❼ bitter	[ ]	❽ better	[ ]
❾ fill	[ ]	❿ fell	[ ]
⓫ check	[ ]	⓬ chick	[ ]

03 문장 훈련

1. [e]와 [i] 단어 그룹을 연결하여 문장을 발음하는 연습을 해볼까요?
▶ 기본이론의 연결공식 파트를 참고하세요. p.20

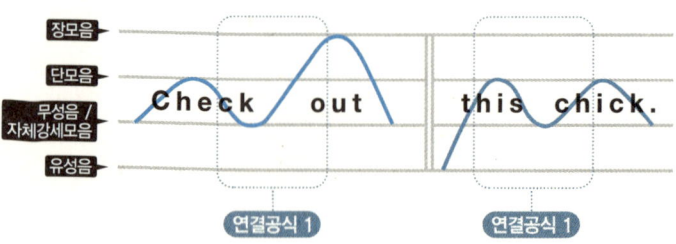

2. 그룹들을 자연스럽게 연결해서 발음해 봅시다.

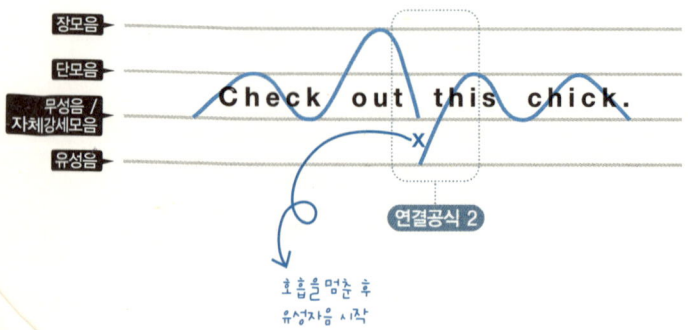

호흡을 멈춘 후
유성자음 시작

Sentence Practice

다음 문장을 듣고 따라한 후, 문장의 음높이와 길이를 표시하세요.

1.

Bill tells me a bit.

- 장모음
- 단모음
- 무성음 / 자체강세모음
- 유성음

2.

Bill rings the bell.

3.

She fell on the pin.

4.

I need to check the chick.

5.

I won't tell you about this, Tim.

Day 03 단모음 [e]와 [i] 발음 | 35

Day 04 단모음 [u] 발음

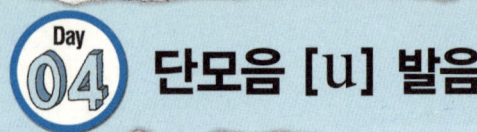

✈ Today's Mission!

우리말의 [우]와 영어의 [u]를 구분하여 발음할 수 있어요!

Target sounds ▶ 기본이론 p.14 참조

01 **[u]** 음길이 ① 음높이 ①

이 모음은 소리가 애매하여 단모음 같기도 하고 장모음 같기도 하여서 단모음의 가장 마지막에 다루게 되었습니다. 하지만, 분명히 장모음 **[uː]** 하고는 다른 **단모음**입니다.

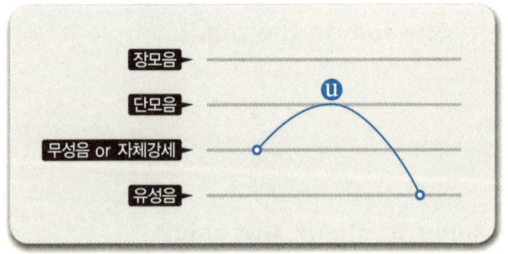

01 [u]

schwa [ə] 발음을 충분히 훈련하면 어렵지 않은 소리입니다. 이 발음은 [ə]가 두 개가 연결된 [ə] + [ə] 발음과 유사하기 때문이죠. 예를 들어, **took** [túk]의 경우 [tə] + [ək]와 같습니다.

근육 강화 Tip!

1. [ə]와 마찬가지로 혀의 양 측면이 잇이금니에 닿도록 합니다.
2. 입꼬리가 양옆으로 움직이지 않도록 해야 합니다.
3. 아래턱을 아래로 내려뜨리지 않습니다. 처음 연습 시 위턱 관절을 쓰듯이 목을 살짝 뒤로 젖혔다가 내리면서 소리내면 도움이 됩니다.
4. 이때 혀의 뿌리가 안쪽 입천장에 가까이 당기는 느낌으로 소리냅니다.

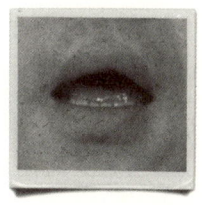

근육 강화 연습

자음의 종류에 따라 시작점과 끝점의 음높이가 다름을 기억하고, 단어의 음높이 기호의 모양대로 음성을 들으며 반복 연습하세요.

❶ good ⌒　❷ book ⌒　❸ full ⌒　❹ foot ⌒

Word Practice

1. 다음 단어를 듣고 연습하면서 음높이 기호를 표시해 보세요.

u	음높이 기호	u	음높이 기호
❶ push	⌢	❾ look	
❷ good		❿ should	
❸ took		⓫ foot	
❹ cook		⓬ pull	
❺ put		⓭ full	
❻ wood		⓮ bull	
❼ would		⓯ could	
❽ stood		⓰ book	

02 문장 훈련

1. [u] 단어 그룹을 연결하여 문장을 발음하는 연습을 해볼까요?

▶ 기본이론의 연결공식 파트를 참고하세요. p.20

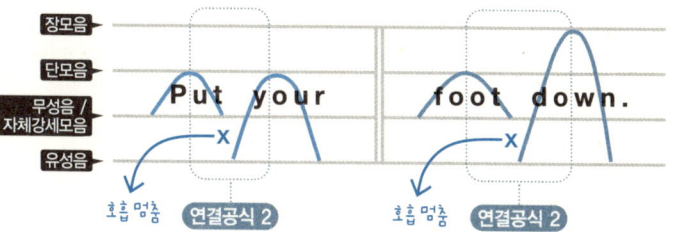

✈ 참고로 북미 구어체에서 your는 (스피킹 문장 안에서) [jər]로 소리납니다.

2. 그룹들을 자연스럽게 연결해서 발음해 봅시다.

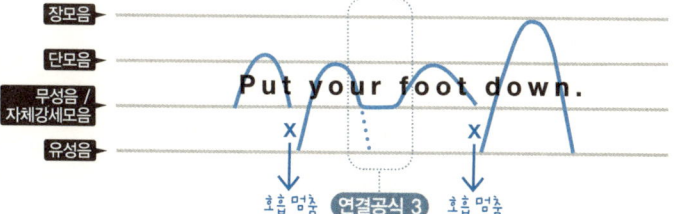

Sentence Practice

다음 문장을 듣고 따라한 후, 문장의 음높이와 길이를 표시하세요.

1.

He is a good cook.

- 장모음
- 단모음
- 무성음 / 자체강세모음
- 유성음

2.

You should take a look.

3.

This box is full of cookies.

4.

Don't push it, just pull it.

5.

Please put your right foot on the wood.

모음을 울려서 발음하는 자음! - [r]

모음이 울리는 자음 [r] 발음을 이해하고, 발음할 수 있어요!

Target sounds ▶ 기본이론 p.15 참조

01 [r] 유성음 (유성음대에서 시작하거나 끝난다.)

[r] 소리는 혀가 수축 긴장하여 입천장의 안쪽과 혀의 뿌리 위쪽이 가까이 모입니다. 그 사이의 미세한 틈에서 중저음의 [ə]라는 유성모음의 호흡이 통과하며 나는 소리입니다. 이때 혀와 천장의 거리가 멀어지면 [ə] 소리만 나게 됩니다.

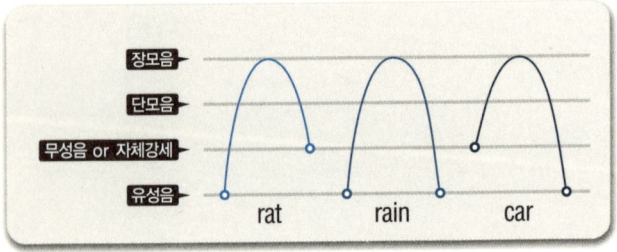

01 [r]

일반적으로 [r]은 혀끝을 말거나, 입 안쪽으로 많이 말아서 내는 소리라고 합니다. 하지만 혀를 말다 보면 혀에 호흡이 부딪혀서 먹는 소리가 납니다. 따라서 실제 발음할 때는 혀의 뿌리를 뒤로 당겨서 혀가 말리지 않게 윗어금니 사이에 혀를 껴서 혀를 뭉쳐야 합니다. 여기에서 주의할 점은 [r] 발음을 강하게 하는 것이 아니라 **유성(복식) 모음 [ə]** 이 강하게 올라와야 한다는 것이다. 자음인 [r]을 강하게 내려고 히면 무의식적으로 혀나 입술을 쓰게 되어 [l] 또는 [w] 소리가 섞이게 되기 때문입니다.

근육 강화 Tip!

1. 혀의 양 측면을 양쪽 윗어금니에 꾹 눌러대고 혀뿌리에 힘을 주고 혀를 서서히 뒤로 당겨봅니다. 이때 혀를 윗어금니에 댄 힘 때문에 혀가 쉽게 말리지 않는 것을 느낄 수 있습니다. 혀의 안쪽에 힘을 가하여 안쪽 입천장과 가깝게 만든 후 유성(복식) 모음 [ə]을 불어 봅니다.
2. 혀를 뒤로 당길 때 혀의 앞부분이 보여야 합니다. 혀의 밑바닥과 힘줄이 보이면 혀의 끝이 말린 것이므로 먹는 소리가 날 수 있습니다.
3. 혀가 말리는 형태로 발음을 연습하다 보면 혀가 입천장을 건드려서 [l] 소리를 내게 되거나, 음절 단어나 문장을 말할 때 많은 제약을 받게 되니 처음에는 혀근육이 아파서 힘들어도 안쪽으로 당기는 형태로 참고 훈련해야 합니다.

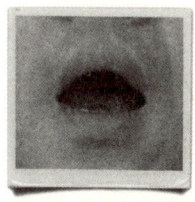

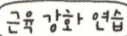

> 자음의 종류에 따라 시작점과 끝점의 음높이가 다름을 기억하고, 단어의 음높이 기호의 모양대로 음성을 들으며 반복 연습하세요.
>
> ❶ red ❷ right ❸ hear ❹ bear

② [rar] 연습

[r]이 첫소리에 올 때는 입술을 이용해서 [r] 소리를 내지 않도록 합니다. 입술을 이용하면 [w] 소리가 강하게 들리는 경우가 생겨나 [r] 소리가 들리지 않게 됩니다. 따라서 먼저 [ə] 소리를 내어 울려준 다음에 윗턱을 올리면서 [r]을 내도록 연습해보세요.

[r]을 잘 발음하려면 입을 크게 벌리고 [rar]이라는 발음의 [a] 발음을 최대한 길게 울리면서 연습합니다. 소리가 급하게 움직이면 안 되고, 근육 훈련을 하듯이 천천히 움직여야 합니다.

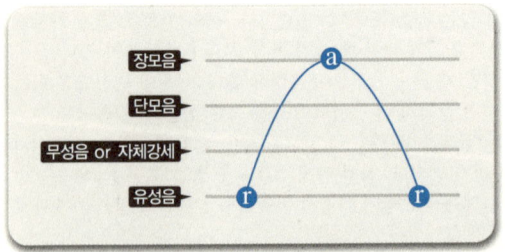

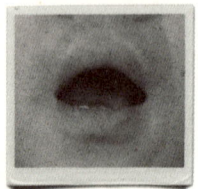 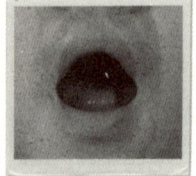 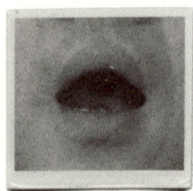

Word Practice

1. 다음 단어를 듣고 연습하면서 음높이 기호를 표시해 보세요.

r	음높이 기호	r	음높이 기호
❶ run	⌒	❾ free	
❷ Reeve		❿ pray	
❸ rub		⓫ crime	
❹ right		⓬ fear	
❺ French		⓭ car	
❻ fry		⓮ wear	
❼ rule		⓯ store	
❽ rain		⓰ hair	

모음을 울려서 발음하는 자음! - [l]

☆ Today's Mission!

모음이 울리는 자음 [l] 발음을 이해하고, 발음할 수 있어요!

Target sounds ▶ 기본이론 p.15 참조

[r]의 혀 모양이 수축 긴장되는 반면에 [l] 소리는 혀의 근육이 이완되어 혀의 뿌리가 축 늘어져야 합니다. 그렇게 입천장과의 거리가 멀어져서 입안이 공모양으로 만들어져야만 깨끗하게 울리는 소리입니다. 이때 혀끝은 윗잇몸과 앞니 사이에서 편한 곳에 닿게 하여 중저음의 [ə]라는 유성 모음의 호흡이 혀와 입천장 사이에서 울리면서 나는 소리입니다.

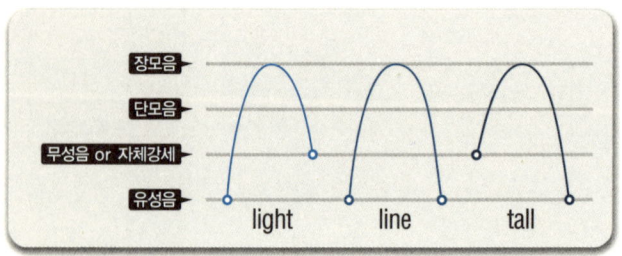

ⓛ Clear [l]과 Dark [l]

❶ Clear [l]

[l]은 앞니 뒤쪽을 따라 혀끝을 평평한 입천장을 따라가다 보면 갑자기 푹 꺼지는 듯한 윗잇몸의 약간 앞에 대고 연습하면 됩니다. 그래야 입안 공간이 많이 확보되어 울림도 좋아지고, 정확한 [l] 발음이 납니다. [l] 소리 역시도 자음이 강한 것이 아니라 **유성(복식) 모음 [ə]**이 강하게 올라와 울린다는 것입니다. 이때 주의할 점은 [r]의 혀모양과 반대로 혀의 안쪽을 많이 내려서 혀와 입천장 사이에서 큰 공모양을 만들어야 한다는 것입니다.

근육 강화 Tip!

1. 혀를 윗니 뒤의 움푹 패인 윗잇몸의 조금 앞에 대고 유성 모음 [ə]을 내면서 바로 [l]을 발음하면 맑은 [l]을 발음하게 됩니다.
2. 단어를 발음할 때 [l]이 **첫소리**인 경우 혀를 위에 언급한 곳에 대고 호흡으로 모음을 불어 천천히 음이 올라가면서 위턱 관절이 올라가게 합니다.
3. [l]이 **끝소리**인 경우는 약해진 모음의 호흡에 의해 입천장이 내려앉으면서 자연스럽게 혀에 닿게 연습해야 한다. 그래야 마지막 유성 자음이 효과적으로 울릴 수 있습니다.

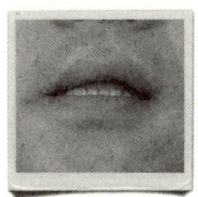

근육 강화 연습

환경에 따라 변신하는 두 얼굴의 Clear [l]은 앞에 어떤 자음이 오느냐에 따라 높은 [l]과 낮은 [l]로 구분이 됩니다. 사실 이 규칙은 모든 유성 자음에 해당되는 규칙입니다. (예: snake, small, fry, free, etc.)

❶ 무성자음 + [l] = 높은 [l]: clear, play, fly, slight
❷ 유성자음 + [l] = 낮은 [l]: blend, glue, blue

❷ Dark [l]

영어의 **Dark [l]**은 끝소리 무성자음 앞에 [l]이 올 때 입천장에 혀가 닿지 않고 모음으로만 울려주는 **[l]**을 의미합니다. 이런 소리를 내기 위해서는 모음을 더 길게 울려줄 수 있는 공명의 소리가 있어야 합니다. 즉, 입천장에 혀를 대지 않고도 모음으로 울려서 **[l]** 발음을 내는 것입니다.

근육 강화 Tip!

1. 혀가 들리지 않도록 혀를 아랫니의 뒤에 대고 힘차게 밀어주세요.
2. 그리고 강한 유성 호흡 **[ə]**으로 입안을 울려줍니다.

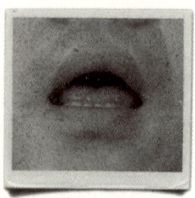

근육 강화 연습

먼저 단어 안의 모음을 소리내고 혀의 끝이 입천장에 닿지 않게 하면서 모음의 소리를 [ə] 소리로 점차 변화시킨 후 최종 자음 소리를 내면 됩니다.

❶ [l] + 무성자음 = 높은 Dark [l] : help, milk, health, shelf, golf, silk, stealth, else, fault, salt, etc.

ⓞ [lal] 연습

[l]을 발음할 때 주의할 점은 먼저 [ə] 소리를 내어 먼저 성대를 울려 준 다음에 위턱 관절을 호흡으로 울리면서 [l]을 내도록 연습하는 것 입니다.

[l]을 잘 발음하려면 입을 크게 벌리고 [lal]이라는 발음의 [a] 발음을 최대한 길게 울리면서 연습합니다. 이 단어를 계속 연습하다 보면 [l] 이 자리잡는데 많은 도움이 됩니다.

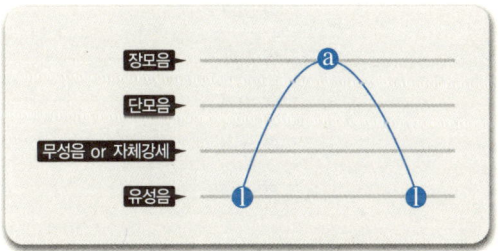

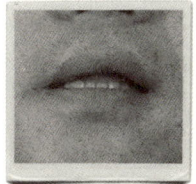 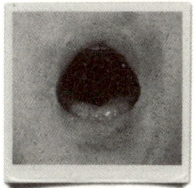 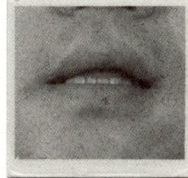

Word Practice

1. 다음 단어를 듣고 연습하면서 음높이 기호를 표시해 보세요.

Clear [l]	음높이 기호	Clear [l]	음높이 기호
❶ learn	⌒	❾ climb	
❷ leave		❿ English	
❸ love		⓫ blue	
❹ light		⓬ ball	
❺ line		⓭ still	
❻ fly		⓮ feel	
❼ flee		⓯ pull	
❽ play		⓰ well	

2. 다음 단어를 듣고 연습하면서 음높이 기호를 표시해 보세요.

Dark [l]	음높이 기호	Dark [l]	음높이 기호
❶ golf	⌒	❻ silk	
❷ help		❼ stealth	
❸ health		❽ else	
❹ shelf		❾ salt	
❺ milk		❿ fault	

03 문장 훈련

1. [r]과 [l] 단어 그룹을 연결하여 문장을 발음하는 연습을 해볼까요?
▶ 기본이론의 연결공식 파트를 참고하세요. p.20

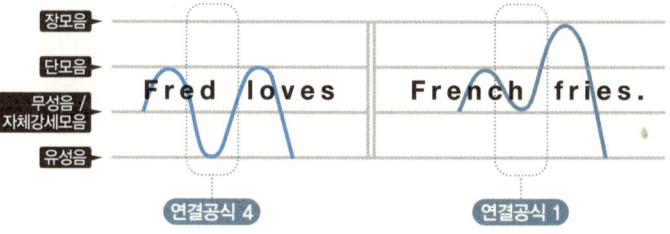

2. 그룹들을 자연스럽게 연결해서 발음해 봅시다.

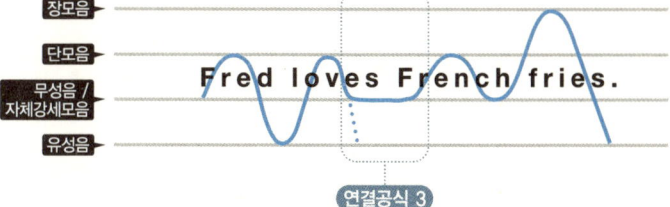

Sentence Practice

다음 문장을 듣고 따라한 후, 문장의 음높이와 길이를 표시하세요.

1.

Is it right or wrong?

- 장모음
- 단모음
- 무성음 / 자체강세모음
- 유성음

2.

He is tall but light.

3.

Ryan reads a lot of books on rainy days.

4. _____

Reeve likes to learn English and French.

_____

5. _____

You wore a bright red dress last night, right?

_____

Chapter 2
기본모음

- **Day 07** [e]와 [æ] 발음
- **Day 08** [i]와 [iː] 발음
- **Day 09** [u]와 [uː] 발음
- **Day 10** [a]와 [ɔː] 발음
- **Day 11** [ʌ]와 [ɔː] 발음

° 입 모양 동영상 – Chapter 2

기본모음

기본모음은 발음할 때 호흡이 얹혀지는 근간이 되는 소리이므로 처음에 정확히 연습해야 합니다. 이후에 **이중모음**과 **복합모음**으로 확장하니 열심히 연습하세요.

기본모음 단어를 연습하면서 호흡 및 혀당김 연습을 많이 다룰 것입니다. 연습을 할 때 다음과 같은 연습 방법을 이용하면 보다 많은 이해를 수반한 성과를 가져올 것입니다.

❶ 강세가 주어지는 모음에서 혀의 뿌리를 입천장의 안쪽 윗부분으로 당겨 올리면서 호흡을 불어내면 자연적으로 음이 더 높게 올라갑니다.

❷ 문장 안에서 약하게 소리내야 하는 기능어이거나 내용어는 혀뿌리의 당김이 입천장의 안쪽 윗부분으로 당겨지는 것이 아니고, 아래쪽으로 가볍게 떨어뜨리는 허풀림의 움직임이 되어야 합니다. 혀의 뿌리가 아래쪽으로 떨어지면서 입천장과 혀 사이에서 공간이 넓어지면 공기의 흐름이 느려지므로 음이 저절로 떨어지면서 약세의 소리를 내게 됩니다.

❸ 유성 자음으로 끝나는 단음절 단어는 무성음으로 끝나는 단음절 단어보다 혀뿌리 당김의 풀림이 2배 느리게 됩니다. (예: bed vs. bet)

❹ 유성 자음으로 시작하는 단음절 단어는 무성음으로 시작하는 단음절 단어보다 혀뿌리의 당김이 입천장의 안쪽 윗부분으로 당겨질 때 2배의 시간이 걸리도록 천천히 당깁니다. (예: bad vs. pad)

❺ 위의 4가지를 연습할 때 장모음과 단모음의 길이 차이를 2배로 차이를 내어서 연습하는 것을 기억하세요!

근육 강화 Tip!

모음을 연습할 때 더욱 과장되게 혀의 근육과 안면 근육을 120% 정도 과도하게 움직여야 합니다. 아직 영어에 필요한 혀근육이 발달하지 않았기 때문에, 지금은 의식적으로 **과장된 움직임**을 만들어야 합니다. 열심히 연습하다 보면 부지불식간에 필요한 혀근육이 발달하게 됩니다. 언젠가는 안면근육의 움직임이나 입벌림이 과도하지 않아도 무의식적으로 올바른 발음으로 소리낼 수 있게 된답니다.

Day 07 [e]와 [æ] 발음

bed, bet, bad, bat을 구분하여 발음할 수 있어요!

Target sounds ▶ 기본이론 p.14 참조

01 [e] 음길이 ① 음높이 ①
02 [æ] 음길이 ② 음높이 ②

[æ] 소리가 [e] 소리보다 2배 가량 높이까지 올라가기 때문에 길이도 자연스럽게 2배 가량 길어집니다. 이와 같이 되려면 호흡이 2배가 많아져야 합니다.

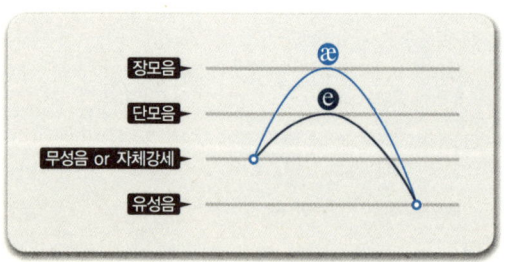

① [e]

우리말의 모든 모음은 북미 영어에 비해 소리를 낼 때 혀가 안쪽으로 많이 당겨지지 않습니다. 반면에 북미 영어의 모음은 기본적으로 혀의 안쪽 뿌리가 입천장 안쪽으로 많이 당겨지면서 소리가 납니다. 그래서 우리말의 모음 소리보다 길게 나는 것처럼 느껴집니다. 따라서 영어의 강세가 주어진 [e]를 발음할 때는 혀의 양 측면을 윗어금니에 대고 혀의 뿌리가 안쪽 입천장에 가까워지도록 살며시 당기며 냅니다.

근육 강화 Tip!

1. 혀뿌리를 입천장 안쪽으로 약간 당깁니다.
2. 혀의 양 측면은 윗잇금니에 닿아야 합니다.

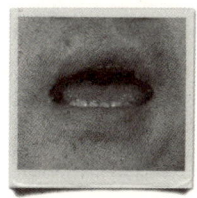

근육 강화 연습

자음의 종류에 따라 시작점과 끝점의 음높이가 다름을 기억하고, 단어의 음높이 기호의 모양대로 음성을 들으며 반복 연습하세요.

❶ bed ⌒　❷ bet ⌒　❸ pen ⌒　❹ pet ⌒

Day 07 [e]와 [æ] 발음 | 57

02 [æ]

이 모음은 연극에서 간사한 역을 맡은 사람이 음모를 꾸민 후에 입을 옆으로 넓게 벌려, 간사하게 웃을 때의 [해해해] 소리와 비슷합니다. 얼굴이 마치 하회탈과 같은 표정이 되어 입꼬리를 넓게 옆으로 치켜 올리면서 연습하면 훨씬 쉽게 발음할 수 있습니다. 우리말의 모음은 혀가 잘 당겨지지 않으므로 혀가 당겨지기 위해 입꼬리를 올리면 훨씬 수월하게 낼 수 있는 소리입니다. 이런 식으로 연습하다 보면 혀근육의 힘이 발달하여 이후에는 입꼬리를 올리지 않고도 자연스럽게 혀당김이 가능해집니다. 그러니 그때까지는 과감한 얼굴의 움직임을 부끄러워 말고 연습하세요.

근육 강화 Tip!

1. 혀를 윗어금니에 대고 혀뿌리를 입천장 안쪽 위로 깊숙히 당기면서 연습합니다. 이때 혀의 양 측면이 윗어금니를 넓게 덮을 만큼 입을 옆으로 넓게 벌리는 것이 중요합니다.
2. 호흡은 [e]보다 2배 정도 많이 불어서 음높이와 음길이도 약 2배 정도가 되어야 합니다.
3. 혀의 당김의 속도가 단모음에 비해 2배 느려야 합니다. 그래야 **장모음**처럼 들리니까요.

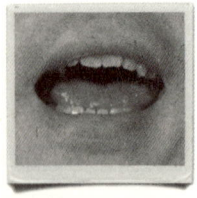

근육 강화 연습

자음의 종류에 따라 시작점과 끝점의 음높이가 다름을 기억하고, 단어의 음높이 기호의 모양대로 음성을 들으며 반복 연습하세요.

❶ bad   ❷ bat   ❸ pat   ❹ pad

Word Practice

1. 다음 단어를 듣고 연습하면서 음높이 기호를 표시해 보세요.

e	음높이 기호	æ	음높이 기호
❶ bed	⌒	❷ bad	
❸ bet		❹ bat	
❺ said		❻ sad	
❼ pet		❽ pat	
❾ dead		❿ dad	
⓫ ben		⓬ ban	
⓭ head		⓮ had	
⓯ set		⓰ sat	

2. 다음 단어를 듣고 연습하면서 [e]와 [æ] 발음기호를 표시하세요.

❶ bad	[æ]	❷ bed	[ ]
❸ bag	[ ]	❹ beg	[ ]
❺ sad	[ ]	❻ said	[ ]
❼ man	[ ]	❽ men	[ ]
❾ dad	[ ]	❿ dead	[ ]
⓫ sat	[ ]	⓬ set	[ ]

03 문장 훈련

1. [e]와 [æ] 단어 그룹을 연결하여 문장을 발음하는 연습을 해볼까요?
▶ 기본이론의 연결공식 파트를 참고하세요. p.20

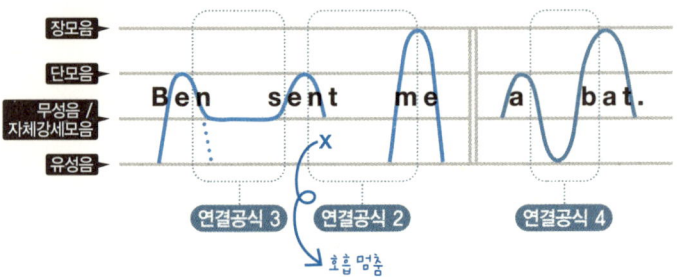

2. 그룹들을 자연스럽게 연결해서 발음해 봅시다.

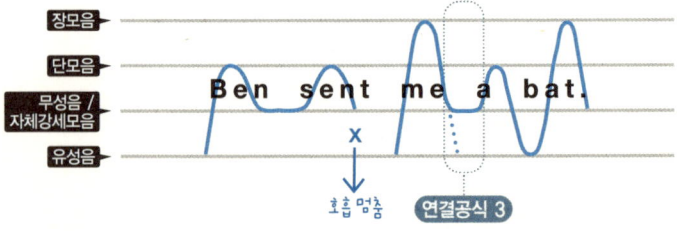

Sentence Practice

다음 문장을 듣고 따라한 후, 문장의 음높이와 길이를 표시하세요.

1. **Batman is sad.** — 장모음 / 단모음 / 무성음 또는 자체강세모음 / 유성음

2. **Batman can't be dead.**

3. **The band has ten men.**

4. **I bet the hen is on the pan.**

5. **Ben patted his pet on the head.**

[i]와 [iː] 발음

Today's Mission!

우리말의 [이]와 영어의 [i], [iː] 발음의 차이를 이해할 수 있어요!

Target sounds ▶ 기본이론 p.14 참조

01 [i] 음길이 ① 음높이 ①
02 [iː] 음길이 ② 음높이 ②

[iː] 소리가 [i] 소리보다 2배 가량 높이까지 올라가기 때문에 길이도 자연스럽게 2배 가량 길어집니다. 이와 같이 되려면 결론적으로 호흡이 2배가 많아져야 합니다.

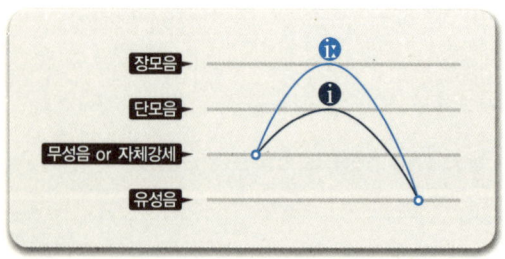

① [i]

[i]는 흔히 우리말의 [이]와 영어의 [e]의 중간 발음이라고 말합니다. 우리말의 [이]는 발음할 때 혀의 위치가 아랫니 밑에 내려가지요. 하지만 영어의 [i]는 다른 단모음들과 마찬가지로 혀가 중간에 떠 있지요. 또한 [e]와 같이 혀를 윗어금니에 붙여 올린 상태에서 소리를 내야 합니다. 이때 혀의 뿌리가 안쪽 입천장에 가까이 당기는 느낌으로 소리냅니다.

근육 강화 Tip!

1. 혀의 양 측면이 윗어금니에 닿도록 합니다.
2. 입꼬리가 양옆으로 움직이지 않도록 해야 합니다.
3. [e]를 발음할 때보나 안쪽 혀뿌리를 살짝 더 올려서 아주 짧은 소리로 끊어서 발음합니다.
4. 아래턱을 떨어뜨리지 않도록 호흡을 입안 천장에 불어올리는 느낌으로 소리냅니다.

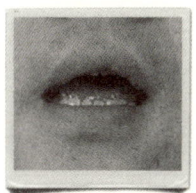

근육 강화 연습

자음의 종류에 따라 시작점과 끝점의 음높이가 다름을 기억하고, 단어의 음높이 기호의 모양대로 음성을 들으며 반복 연습하세요.

❶ bid   ❷ bit   ❸ pig   ❹ pick

02 [iː]

긴장하는 모음이므로 근육을 사용하여 입꼬리를 최대한 옆으로 당겨야 합니다. 입꼬리를 넓게 옆으로 치켜 올리면서 연습하면 훨씬 쉽게 발음할 수 있습니다. 이런 식으로 연습하면 혀근육이 발달하여 이후에는 입꼬리를 올리지 않고도 자연스럽게 혀당김이 가능해집니다. 그러니 그때까지는 과감한 얼굴의 움직임을 부끄러워 말고 연습하세요.

근육 강화 Tip!

1. 혀를 윗어금니에 대고 혀뿌리를 입천장 안쪽 위로 깊숙히 당기면서 연습합니다. 이때 혀의 양 측면이 윗어금니를 넓게 덮을 만큼 입을 옆으로 넓게 벌리는 것이 중요합니다.
2. 호흡은 [i]보다 2배 정도 많이 불어야 하며, 그래서 음높이와 음길이도 약 2배 정도가 되어야 합니다. 이때 유의할 점은 혀의 당김 속도가 단모음에 비해 2배 느려야 합니다. 그래야 **장모음**처럼 들리니까요.
3. [æ]에 비해서 혀와 입천장의 간격이 훨씬 좁아야 합니다. 생각보다 더 뾰족한 소리가 나도록 연습해야 합니다.

✈ **Tip:** 입을 옆으로 넓게 벌려, 귀신이나 마녀가 웃을 때의 [히히히] 소리를 내보며 연습합니다. 이때 안쪽으로 당긴 혀가 앞으로 밀리지 않도록 일부러 더 안쪽으로 당기며 강한 호흡을 뱉어내며 연습합니다.

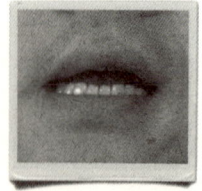

근육 강화 연습

자음의 종류에 따라 시작점과 끝점의 음높이가 다름을 기억하고, 단어의 음높이 기호의 모양대로 음성을 들으며 반복 연습하세요.

❶ bead ⌒　❷ beat ⌒　❸ peace ⌒　❹ peas ⌒

Word Practice

1. 다음 단어를 듣고 연습하면서 음높이 기호를 표시해 보세요.

i	음높이 기호	iː	음높이 기호
❶ been	⌒	❷ bean	
❸ fit		❹ feet	
❺ dip		❻ deep	
❼ sin		❽ seen	
❾ ship		❿ sheep	
⓫ piss		⓬ peace	
⓭ it		⓮ eat	
⓯ ill		⓰ eel	

2. 다음 단어를 듣고 연습하면서 [i]와 [iː] 발음기호를 표시하세요.

❶ it	[i]	❷ eat	[ ]
❸ sit	[ ]	❹ seat	[ ]
❺ piss	[ ]	❻ peace	[ ]
❼ hit	[ ]	❽ heat	[ ]
❾ ship	[ ]	❿ sheep	[ ]
⓫ fill	[ ]	⓬ feel	[ ]

03 문장 훈련

1. [i]와 [iː] 단어 그룹을 연결하여 문장을 발음하는 연습을 해볼까요?
▶ 기본이론의 연결공식 파트를 참고하세요. p.20

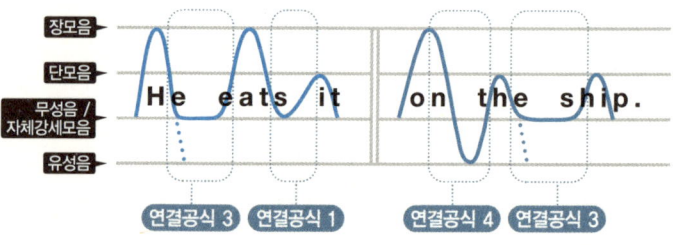

2. 그룹들을 자연스럽게 연결해서 발음해 봅시다.

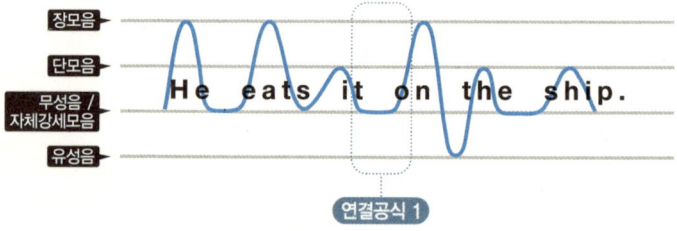

Sentence Practice

다음 문장을 듣고 따라한 후, 문장의 음높이와 길이를 표시하세요.

1. **She gave him some tip.**
   - 장모음
   - 단모음
   - 무성음 / 자체강세모음
   - 유성음

2. **Eve is killing the sheep.**

3. **She feels like eating eels.**

4. **She gives him a seat to sit.**

5. **He needs to eat peas for dinner.**

Day 08 [i]와 [iː] 발음 | 67

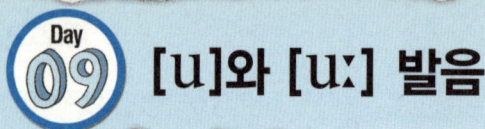

[u]와 [uː] 발음

★ Today's Mission!

우리말의 [우]와 영어의 [u], [uː] 발음의 차이를 이해할 수 있어요!

Target sounds ▶ 기본이론 p.14 참조

01 [u] 음길이 ① 음높이 ①
02 [uː] 음길이 ② 음높이 ②

[uː] 소리가 [u] 소리보다 2배 가량 높이 올라가기 때문에 길이도 자연스럽게 2배 가량 길어집니다. 이와 같이 되려면 호흡이 2배가 많아져야 합니다.

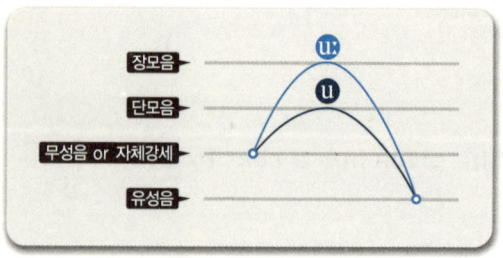

01 [u]

[u]는 schwa [ə]를 발음할 수 있으면 쉽게 낼 수 있는 발음입니다. 마치 [ə] + [ə]와 같습니다. 짧은 음의 연속이기 때문에 음이 올라갔다 내려오는 길이가 굉장히 짧습니다.

근육 강화 Tip!

1. [ə]와 마찬가지로 혀의 양 측면이 윗어금니에 닿도록 합니다.
2. 입꼬리가 양옆으로 움직이지 않도록 해야 합니다.
3. 아래턱을 아래로 내려뜨리지 않습니다. 처음 연습 시 위턱 관절을 쓰듯이 목을 살짝 뒤로 젖혔다가 내리면서 내면 도움이 됩니다.
4. 이때 혀의 뿌리가 안쪽 입천장에 가까이 당기는 느낌으로 소리냅니다.

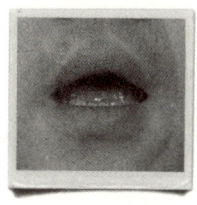

근육 강화 연습

자음의 종류에 따라 시작점과 끝점의 음높이가 다름을 기억하고, 단어의 음높이 기호의 모양대로 음성을 들으며 반복 연습하세요.

❶ good ⌒ ❷ look ⌒ ❸ full ⌒ ❹ foot ⌒

❷ [uː]

[uː]는 **장모음**이기 때문에 음의 변화폭이 큽니다. 음이 길게 올라갔다가, 길게 내려오는 것이지요. 당연히 음의 높이도 단모음보다 약 2배 높습니다.

근육 강화 Tip!

1. [uː]를 발음할 때는 혀를 [ə]를 낼 때처럼 안쪽으로 당기면서 점차적으로 더 깊게 당깁니다. 이때 혀끝이 마지막에 힘이 가해지면서 살짝 올라가도록 연습합니다. 입술은 앞으로 내밀면서 작은 구멍 모양을 만들면서 연습합니다.
2. 음이 올라갔다가 내려올 때까지 혀와 입술 모양을 그대로 유지하도록 각 근육에 힘을 줍니다.
3. 그래서 유성(복식) 모음 [ə]으로 소리를 내도 입으로는 엄청 강한 공기가 느껴져야 합니다.
4. 호흡은 [u]보다 2배 정도 많이 불어야 하며, 음높이와 음길이도 약 2배 정도가 되어야 합니다. 이때 유의할 점은 혀의 당김의 속도가 단모음에 비해 2배 느려야 합니다. 그래야 장모음처럼 들리니까요.

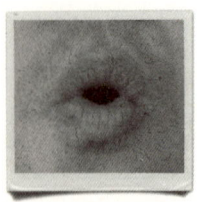

근육 강화 연습

자음의 종류에 따라 시작점과 끝점의 음높이가 다름을 기억하고, 단어의 음높이 기호의 모양대로 음성을 들으며 반복 연습하세요.

❶ lose ⌒ ❷ loose ⌒ ❸ food ⌒ ❹ suit ⌒

Word Practice

1. 다음 단어를 듣고 연습하면서 음높이 기호를 표시해 보세요.

u	음높이 기호	uː	음높이 기호
❶ full	⌒	❷ fool	
❸ pull		❹ pool	
❺ look		❻ Luke	
❼ foot		❽ food	
❾ cook		❿ cool	
⓫ good		⓬ shoe	
⓭ book		⓮ soon	
⓯ took		⓰ two	

2. 다음 단어를 듣고 연습하면서 [u]와 [uː] 발음기호를 표시하세요.

❶ full	[u]	❷ fool	[ ]
❸ book	[ ]	❹ boot	[ ]
❺ foot	[ ]	❻ food	[ ]
❼ look	[ ]	❽ Luke	[ ]
❾ pull	[ ]	❿ pool	[ ]
⓫ should	[ ]	⓬ shoe	[ ]

03 문장 훈련

1. [u]와 [uː] 단어 그룹을 연결하여 문장을 발음하는 연습을 해볼까요?
▶ 기본이론의 연결공식 파트를 참고하세요. p.20

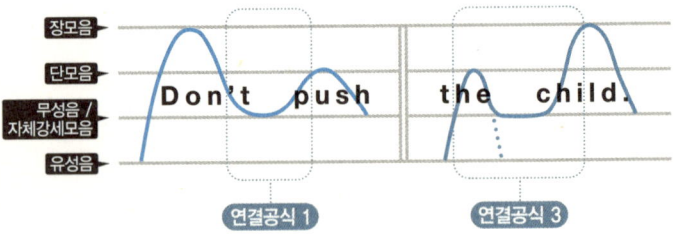

2. 그룹들을 자연스럽게 연결해서 발음해 봅시다.

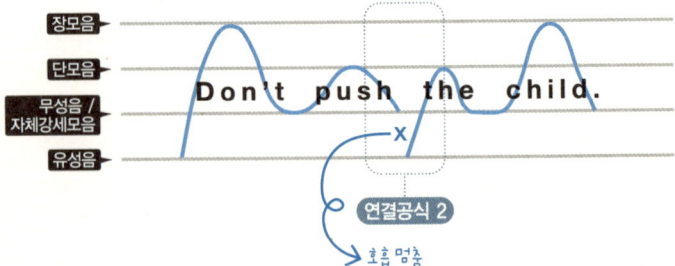

Sentence Practice

다음 문장을 듣고 따라한 후, 문장의 음높이와 길이를 표시하세요.

1.
   Let's take a look at the book.

   - 장모음
   - 단모음
   - 무성음 / 자체강세모음
   - 유성음

2.
   Luke took two books to school, too.

3.
   They pushed her into the swimming pool.

4.
   Do you usually play pool in the afternoon?

5.
   He is a fool because he eats until he gets full.

Day 09 [u]와 [uː] 발음 | 73

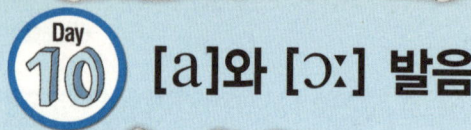

Day 10 [a]와 [ɔː] 발음

✈ Today's Mission!

우리말의 [아]와 영어의 [a], [ɔː] 발음의 차이를 이해하고 발음할 수 있어요!

Target sounds ▶ 기본이론 p.14 참조

01 [a] 음길이 ② 음높이 ②
02 [ɔː] 음길이 ② 음높이 ②

[a] 와 [ɔː]는 미국의 동부와 서부의 발음이 조금 다릅니다. 독일계 발음의 영향을 받은 미국 동부 영어는 [ɔː] 발음을 [a]로 발음하기도 합니다. 그러나 서부는 이 둘을 명확히 구분하므로 두 개의 다른 소리를 익히시는 게 좋겠죠? 참고로, 이탈리아계는 [ɔː] 소리가 더 좁게 소리가 난답니다.

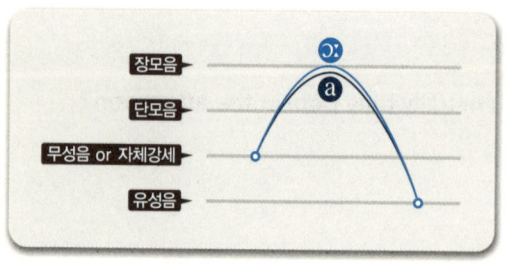

01 [a]

[a]는 우리말의 [아]와 비슷하지만, 입을 더 크게 벌리면서 혀의 뿌리가 안쪽으로 많이 당겨집니다. **장모음 [i:]**와 **[æ]**를 낼 때 역시 혀의 뿌리가 많이 당겨지지만, 이 3가지 소리의 깊이는 같습니다. 하지만, 입천장과 혀의 간격을 비교해 보면 [i:]가 제일 좁고, [æ]는 호흡이 나올 때 입천장이 조금 더 높이 올라가고, [a]가 가장 많이 간격이 벌어집니다.

근육 강화 Tip!

1. 혀는 안쪽으로 깊이 당기고 입이 양옆으로 벌어신 상태에서 입천장을 들어올리듯 발음합니다.
2. 호흡은 단모음 보다 2배 정도 많이 불어야 하며, 그래서 음높이와 음길이도 약 2배 정도가 되어야 합니다. 이때 유의할 점은 혀의 당김의 속도가 단모음에 비해 2배 느려야 합니다. 그래야 **장모음**처럼 들리니까요.

✈ Tip: [i:] → [æ] → [a] 순서로 3가지 모음을 연속적으로 연습하면 좀 더 이해하기 쉽습니다.

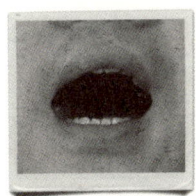

근육 강화 연습

자음의 종류에 따라 시작점과 끝점의 음높이가 다름을 기억하고, 단어의 음높이 기호의 모양대로 음성을 들으며 반복 연습하세요.

① rod ⌒　② rot ⌒　③ Todd ⌒　④ pop ⌒

02 [ɔː]

양쪽 입꼬리가 벌어지지 않게 하면서 [a]와 같이 발음하면 됩니다. 입을 더 크게 벌리면서 혀의 뿌리를 안쪽으로 많이 당깁니다.

근육 강화 Tip!

1. [ɔː]는 입모양은 양옆으로 벌어지지 않으면서 입천장만 위로 들어올리듯 발음합니다.
2. 입천장을 올릴 때, 사실 음도 같이 올려서 소리내야 합니다. 역시 장모음이기 때문이죠.
3. 호흡은 단모음 보다 2배 정도 많이 불어야 하며, 그래서 음높이와 음길이도 약 2배 정도가 되어야 합니다. 이때 유의할 점은 혀의 당김의 속도가 단모음에 비해 2배 느려야 합니다. 그래야 **장모음**처럼 들리니까요.

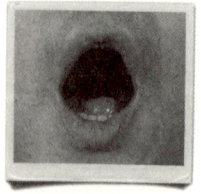

근육 강화 연습

자음의 종류에 따라 시작점과 끝점의 음높이가 다름을 기억하고, 단어의 음높이 기호의 모양대로 음성을 들으며 반복 연습하세요.

❶ law ❷ bought ❸ saw ❹ taught

Word Practice

1. 다음 단어를 듣고 연습하면서 음높이 기호를 표시해 보세요.

a	음높이 기호	ɔː	음높이 기호
❶ top	⌒	❾ soft	
❷ odd		❿ all	
❸ ah		⓫ awe	
❹ hot		⓬ bought	
❺ gone		⓭ caught	
❻ god		⓮ brought	
❼ dollar		⓯ taught	
❽ collar		⓰ on	

2. 다음 단어를 듣고 연습하면서 [a]와 [ɔː] 발음기호를 표시하세요.

❶ collar	[a]	❷ caller	[ ]
❸ cot	[ ]	❹ caught	[ ]
❺ tot	[ ]	❻ taught	[ ]
❼ ah	[ ]	❽ awe	[ ]
❾ lot	[ ]	❿ law	[ ]
⓫ copy	[ ]	⓬ coffee	[ ]

03 문장 훈련

1. [a]와 [ɔ:] 단어 그룹을 연결하여 문장을 발음하는 연습을 해볼까요?
▶ 기본이론의 연결공식 파트를 참고하세요. p.20

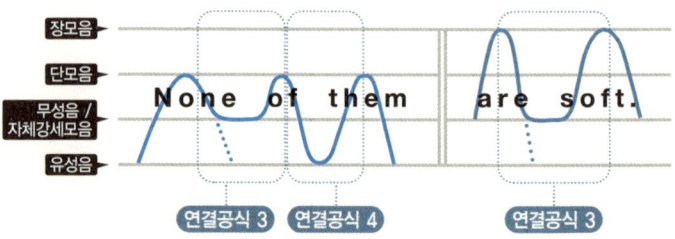

2. 그룹들을 자연스럽게 연결해서 발음해 봅시다.

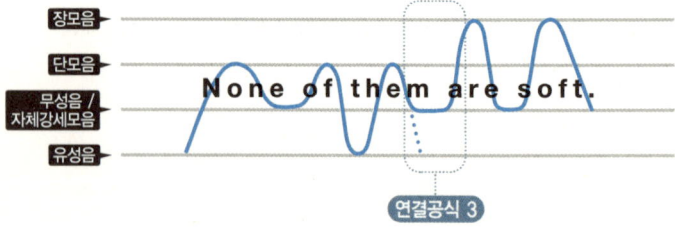

Sentence Practice

다음 문장을 듣고 따라한 후, 문장의 음높이와 길이를 표시하세요.

1.

I saw Todd watching the movie.

◀ 장모음
◀ 단모음
◀ 무성음 / 자체강세모음
◀ 유성음

2.

Scott played hopscotch with Paul.

3.

Lauren bought all the long ones.

4.

He thought they caught some fish.

5.

My father was mopping the floor all night long.

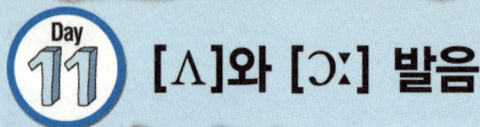

Day 11 [ʌ]와 [ɔː] 발음

★ Today's Mission!

우리말의 [어]와 영어의 [ʌ], [ɔː] 발음의 차이를 이해하고 발음할 수 있어요!

Target sounds ▶ 기본이론 p.14 참조

01 [ʌ] 음길이 ① 음높이 ①
02 [ɔː] 음길이 ② 음높이 ②

'둘 다 [어] 소리 같은데, 뭔가 좀 다른 것 같기도 하고..' 이렇게 느끼시는 분들은 입모양을 보고 음성파일을 들으며 반복하여 따라해 보세요. [ʌ]와 [ɔː] 두 소리의 차이를 명확히 느끼실 거예요.

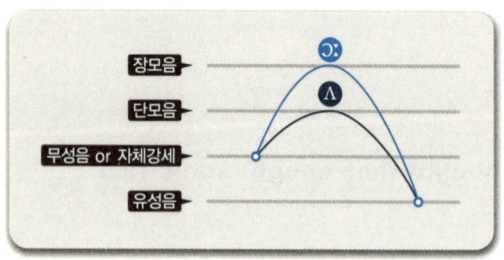

01 [ʌ]

schwa [ə]는 이를 물었다가 멍청한 표정이 되는 소리라고 앞에서 배웠지요? [ʌ]는 그 상태에서 입을 양 옆이 아니라 위로 조금 벌려서 내는 소리입니다. 앞의 단모음 **Day 2** (p.26)를 참고하세요.

근육 강화 Tip!

1. 단모음이므로 배의 호흡을 이용하여 짧게 끊어서 내야 합니다.
2. 앞의 단모음 Day 2를 참고하세요.

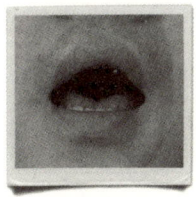

근육 강화 연습

자음의 종류에 따라 시작점과 끝점의 음높이가 다름을 기억하고, 단어의 음높이가 기호의 모양대로 음성을 들으며 반복 연습하세요.

❶ bud ⌒ ❷ bus ⌒ ❸ pud ⌒ ❹ putt ⌒

02 [ɔː]

양쪽 입꼬리가 벌어지지 않게 하면서 [a]와 같이 발음하면 됩니다. 입을 더 크게 벌리면서 혀의 뿌리를 안쪽으로 많이 당깁니다.

근육 강화 Tip!

1. [ɔː]는 입 모양은 양옆으로 벌어지지 않으면서 입천장만 위로 들어올리듯 발음합니다.
2. 입천장을 올릴 때, 사실 음도 같이 올려서 소리내야 합니다. 역시 **장모음**이기 때문이죠.
3. 호흡은 단모음 보다 2배 정도 많이 불어야 하며, 그래서 음높이와 음길이도 약 2배 정도가 되어야 합니다. 이때 유의할 점은 혀의 당김의 속도가 단모음에 비해 2배 느려야 합니다. 그래야 장모음처럼 들리니까요.

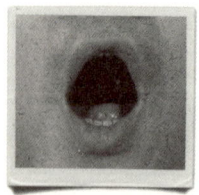

근육 강화 연습

자음의 종류에 따라 시작점과 끝점의 음높이가 다름을 기억하고, 단어의 음높이 기호의 모양대로 음성을 들으며 반복 연습하세요.

❶ law   ❷ bought   ❸ saw   ❹ taught

Word Practice

1. 다음 단어를 듣고 연습하면서 음높이 기호를 표시해 보세요.

ʌ	음높이 기호	ɔː	음높이 기호
❶ lung	⌒	❷ long	
❸ but		❹ bought	
❺ bus		❻ boss	
❼ gulf		❽ golf	
❾ fun		❿ fawn	
⓫ bud		⓬ brought	
⓭ putt		⓮ cought	
⓯ punch		⓰ paunch	

2. 다음 단어를 듣고 연습하면서 [ʌ]와 [ɔː] 발음기호를 표시하세요.

❶ bus	[ʌ]	❷ boss	[ ]
❸ gulf	[ ]	❹ golf	[ ]
❺ but	[ ]	❻ bud	[ ]
❼ lung	[ ]	❽ long	[ ]
❾ bought	[ ]	❿ brought	[ ]
⓫ cut	[ ]	⓬ caught	[ ]

Day 11 [ʌ]와 [ɔː] 발음 | 83

03 문장 훈련

1. [ʌ]와 [ɔː] 단어 그룹을 연결하여 문장을 발음하는 연습을 해볼까요?
▶ 기본이론의 연결공식 파트를 참고하세요. p.20

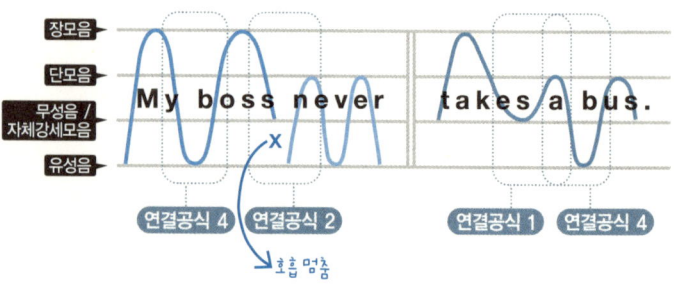

2. 그룹들을 자연스럽게 연결해서 발음해 봅시다.

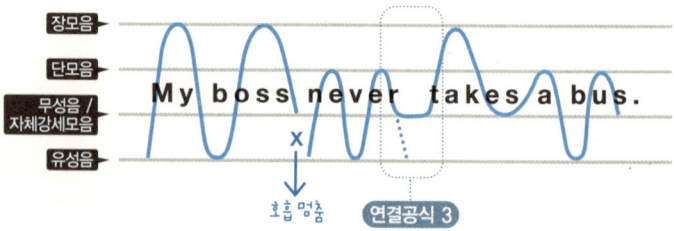

Sentence Practice

다음 문장을 듣고 따라한 후, 문장의 음높이와 길이를 표시하세요.

1. **Paul hits the fawn for fun.**

   ◀ 장모음
   ◀ 단모음
   ◀ 무성음 / 자체강세모음
   ◀ 유성음

2. **All of us play golf by the gulf.**

3. **This seesaw is longer than the fawn.**

4. **My brother took the number one bus.**

5. **My boss bought the gun for his brother.**

Chapter 3
이중모음

- **Day 12** [ai]와 [ei] 발음
- **Day 13** [au]와 [ou] 발음
- **Day 14** [oi] 발음

• 입 모양 동영상 – Chapter 3

이중모음

이중모음은 두 개의 모음이 연결된 것입니다. 예를 들어서 [a]와 [i] 발음이 부드럽게 연결되어 [ai]라는 소리를 냅니다. 두 음이 결코 두 소리로 갈라져서는 안 됩니다. 하지만 이 두 음을 아무리 빨리 발음한다고 해서 두 음이 하나로 섞여지는 복합모음이 되는 일은 결코 없어야 합니다.

이중모음을 발음할 때 주의해야 할 것은 모음을 다 발음한 이후에 자음을 붙여야 한다는 것입니다.

❶ 선행모음과 후행모음의 길이 비율은 2:1입니다.

❷ 다 발음한 이후에 자음을 붙여야 합니다.

❸ 모음의 정점에 강세가 있다는 것을 늘 기억해야 합니다.

❹ 붐이 두 소리로 갈라지면 안 됩니다. 원래의 모음을 충분히 울려주어서 모음의 소리가 날 수 있도록 해야 합니다.

❺ 모음 앞에 자음이 세게 발음이 될 때는 모음을 먼저 발음해보면서 익숙해진 다음에 자음을 앞에 살짝 덧붙이는 식으로 훈련합니다.
예) 'fine'을 발음할 때 모음 [ain] 발음을 연습한 다음에 자음 [f]를 붙여서 소리를 완성하면 됩니다.

Day 12 [ai]와 [ei] 발음

✈ Today's Mission!

이중모음 [ai], [ei] 발음의 차이를 이해하고 발음할 수 있어요!

Target sounds ▶ 기본이론 p.14 참조

01 [ai] 음길이 ② 음높이 ②
02 [ei] 음길이 ② 음높이 ②

이 2가지 모음을 훈련할 때 가장 중요한 것은 마지막의 [i]를 정확히 내야 합니다. 즉, 윗어금니가 혀의 양 측면을 누르며 [i] 소리가 나게 되었을 때, 모음을 내는 혀의 위치가 더 이상 변하면 안됩니다.

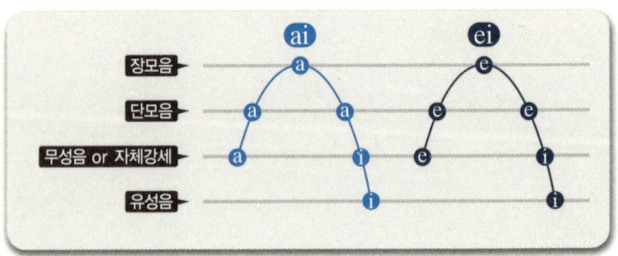

01 [ai]

각자 다른 두 개의 모음을 자연스럽게 연결하는 발음입니다. 선행모음 [a]를 2, 후행모음 [i]를 1의 비율로 순차적으로 발음합니다.

근육 강화 Tip!

1. [ai]의 [a]는 Day 10에서 배운 [a]와 같이 혀가 완전히 넓은 상태에서 시작됩니다.
2. 음이 두 소리로 갈라지면 안 됩니다. 원래의 모음을 충분히 울려주어서 모음의 소리가 날 수 있도록 해야 합니다.
3. 모음의 정점에 강세가 있다는 것을 늘 기억해야 합니다.
4. 모음을 다 발음한 이후에 자음을 붙여야 합니다.

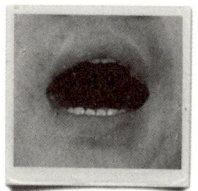
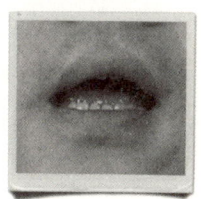

근육 강화 연습

자음의 종류에 따라 시작점과 끝점의 음높이가 다름을 기억하고, 단어의 음높이 기호의 모양대로 음성을 들으며 반복 연습하세요.

❶ buy   ❷ write   ❸ sigh   ❹ tight

02 [ei]

각자 다른 두 개의 모음을 자연스럽게 연결하는 발음입니다. 선행모음 [e]를 2, 후행모음 [i]를 1의 비율로 순차적으로 발음합니다.

근육 강화 Tip!

1. 단모음 [e], [i]를 발음할 때처럼 혀는 윗어금니에서 떨어지지 않게 해야 합니다. 그래야 아래턱이 내려가지 않고, 호흡으로 불어 올린 소리가 납니다.
2. 음이 두 소리로 갈라지면 안 됩니다. 원래의 모음을 충분히 울려주어서 모음의 소리가 날 수 있도록 해야 합니다.
3. 모음의 정점에 강세가 있다는 것을 늘 기억해야 합니다.
4. 모음을 다 발음한 이후에 자음을 붙여야 합니다.

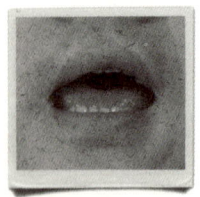 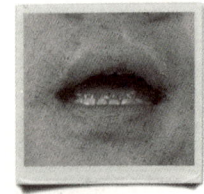

근육 강화 연습

자음의 종류에 따라 시작점과 끝점의 음높이가 다름을 기억하고, 단어의 음높이 기호의 모양대로 음성을 들으며 반복 연습하세요.

❶ day   ❷ date   ❸ paid   ❹ straight

Word Practice

1. 다음 단어를 듣고 연습하면서 음높이 기호를 표시해 보세요.

ai	음높이 기호	ei	음높이 기호
❶ like	⌒	❾ ache	
❷ time		❿ aid	
❸ white		⓫ aim	
❹ night		⓬ eight	
❺ die		⓭ face	
❻ eye		⓮ day	
❼ ice		⓯ pray	
❽ why		⓰ say	

2. 다음 단어를 듣고 연습하면서 [ai]와 [ei] 발음기호를 표시하세요.

❶ buy	[ai]	❼ Kate	[ ]
❷ take	[ ]	❽ high	[ ]
❸ ride	[ ]	❾ date	[ ]
❹ gate	[ ]	❿ climb	[ ]
❺ die	[ ]	⓫ they	[ ]
❻ play	[ ]	⓬ spy	[ ]

03 문장 훈련

1. [ai]와 [ei] 단어 그룹을 연결하여 문장을 발음하는 연습을 해볼까요?
▶ 기본이론의 연결공식 파트를 참고하세요. p.20

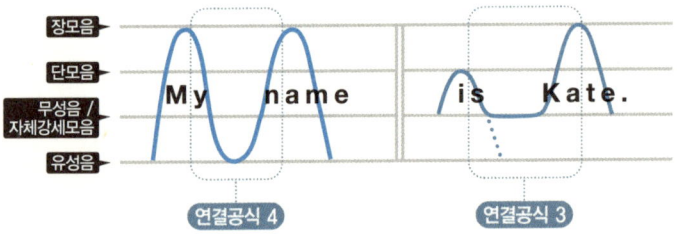

2. 그룹들을 자연스럽게 연결해서 발음해 봅시다.

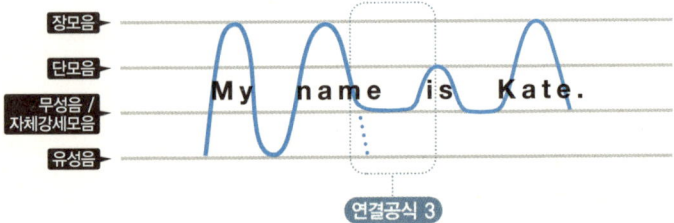

Sentence Practice

다음 문장을 듣고 따라한 후, 문장의 음높이와 길이를 표시하세요.

1.

I like his light ties.
- 장모음
- 단모음
- 무성음 / 자체강세모음
- 유성음

2.

It was a grey day in May.

3.

Kate may take eight days off.

4.

The child climbed the high mountain.

5.

Ray takes eighty eight dollars from James.

Day 13 [au]와 [ou] 발음

✈ Today's Mission!

이중모음 [au]와 [ou] 발음을 이해하고 발음할 수 있어요!

Target sounds ▶ 기본이론 p.14 참조

01 [au] 음길이 ② 음높이 ②
02 [ou] 음길이 ② 음높이 ②

두 모음 모두 마지막의 [u] 소리를 낼 때 우리말의 **[우]**를 내듯이 혀가 앞니 쪽을 향해 풀리지 않고, 안쪽으로 그대로 당긴 상태로 소리를 내야 합니다. 그리고 입술은 앞으로 내밀면서 모아지듯 입모양을 해주어야 잘 울리는 소리가 납니다.

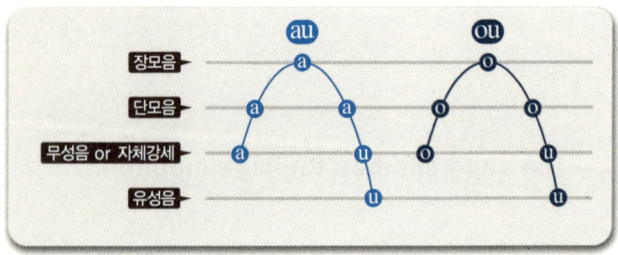

01 [au]

[au]를 배우기 이전에, 우리말로 **[아름다운]**을 먼저 발음해봅시다. 이때 **[다운]**과 영어의 down의 **[au]** 발음은 비슷한 것 같지만 완전히 다릅니다. 우리말 **[다운]**의 **[아]** 발음은 아래턱을 떨어뜨립니다. 하지만 **[au]** 발음은 첫 **[a]** 발음을 시작할 때 입은 완전히 벌리지만, 혀의 모양은 **[æ]**를 발음할 때와 같이 넓어져 윗어금니를 뒤덮은 상태로 발음을 시작합니다.

근육 강화 Tip!

1. 음이 두 소리로 갈라지면 안 됩니다. 원래의 모음을 충분히 울려주어서 모음의 소리가 날 수 있도록 해야 합니다.
2. 모음의 정점에 강세가 있다는 것을 늘 기억해야 합니다.
3. 모음을 다 발음한 이후에 자음을 붙여야 합니다.

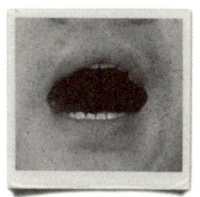 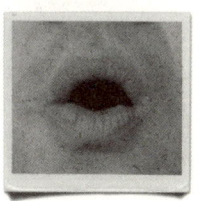

근육 강화 연습

자음의 종류에 따라 시작점과 끝점의 음높이가 다름을 기억하고, 단어의 음높이 기호의 모양대로 음성을 들으며 반복 연습하세요.

❶ round ⌒　❷ doubt ⌒　❸ pound ⌒　❹ shout ⌒

02 [ou]

[ou] 소리를 제대로 발음하려면, 입술을 돼지똥구멍처럼 과장되게 오무려 연습해야 합니다. 그렇지 않으면 문장 안에서 **[어우]**라고 연음된 어색한 소리가 나기 때문입니다. 사실 이 발음은 입술의 조임이 가장 중요하다고 해도 과언이 아닐 정도로 영어의 모음 중에서 가장 어려운 발음 중의 하나입니다.

근육 강화 Tip!

1. 알파벳 'o'는 [오]라고 발음되지 않고, 완벽히 연음이 된 **[오우]**라는 소리가 납니다.
2. 주의해야 할 것은 발음이 다 끝날 때까지 '돼지똥구멍' 같은 입술 모양이 풀리면 안 된다는 것입니다.
3. 아무리 연습해도 모음 앞의 자음이 세게 발음이 될 때는 모음을 먼저 발음해 보면서 익숙해진 다음에 자음을 앞에 살짝 덧붙이는 식으로 훈련합니다.

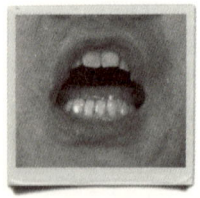 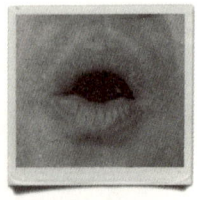

근육 강화 연습

자음의 종류에 따라 시작점과 끝점의 음높이가 다름을 기억하고, 단어의 음높이 기호의 모양대로 음성을 들으며 반복 연습하세요.

❶ bone ❷ don't ❸ snow ❹ coat

Word Practice

1. 다음 단어를 듣고 연습하면서 음높이 기호를 표시해 보세요.

au	음높이 기호	ou	음높이 기호
❶ down	⌒	❾ post	
❷ house		❿ cone	
❸ mouse		⓫ phone	
❹ brown		⓬ close	
❺ bounce		⓭ know	
❻ pound		⓮ owe	
❼ town		⓯ cold	
❽ boundary		⓰ broke	

2. 다음 단어를 듣고 연습하면서 [au]와 [ou] 발음기호를 표시하세요.

❶ ground	[au]	❼ toe	[ ]
❷ go	[ ]	❽ out	[ ]
❸ slow	[ ]	❾ around	[ ]
❹ loud	[ ]	❿ no	[ ]
❺ sew	[ ]	⓫ now	[ ]
❻ hope	[ ]	⓬ how	[ ]

03 문장 훈련

1. [au]와 [ou] 단어 그룹을 연결하여 문장을 발음하는 연습을 해 볼까요? ▶ 기본이론의 연결공식 파트를 참고하세요. p.20

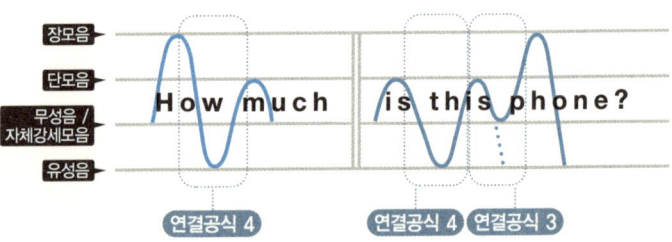

2. 그룹들을 자연스럽게 연결해서 발음해 봅시다.

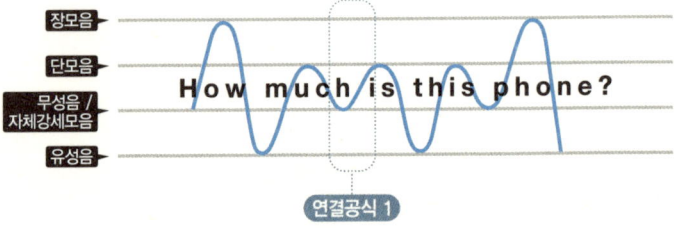

Sentence Practice

다음 문장을 듣고 따라한 후, 문장의 음높이와 길이를 표시하세요.

1. It sounds too loud.

　　　　　　　　　　　　　　　　　장모음
　　　　　　　　　　　　　　　　　단모음
　　　　　　　　　　　　　　　　　무성음 / 자체강세모음
　　　　　　　　　　　　　　　　　유성음

2. Ouch! It fell on my toe.

3. Get out of this house right now.

4. I don't know how I broke this bone.

5. She saw a mouse running around the house.

[oi] 발음

Today's Mission!

이중모음 [oi] 발음을 이해하고 발음할 수 있어요!

Target sounds ▶ 기본이론 p.14 참조

01 [oi] 음길이 ② 음높이 ②

이 모음을 훈련할 때 가장 중요한 것은 마지막의 [i]를 정확히 내야 하는 것입니다. 즉, 윗어금니가 혀의 양 측면을 누르며 [i] 소리가 나게 되면 모음을 내는 혀의 위치가 더 이상 변하면 안됩니다.

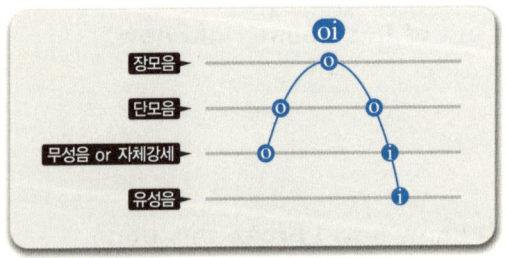

01 [oi]

[oi]는 처음 입모양이 [ou]를 발음할 때처럼 돼지똥구멍 모양을 만듭니다. [i]는 부드럽게 연음시키면서 2음절로 소리나지 않도록 단모음 [i]로 유성음 지역까지 내려오게 발음합니다. 처음에 입술을 조이지 않으면 **[어이]**라는 소리가 나기 때문에 어색하게 들리니 **[오이]**가 완벽하게 연음된 소리가 되도록 연습해봅시다.

✈ **Tip:** 'say', 'toy', 'buy', 'my'와 같이 'y' 앞에 모음 소리가 나면 'y'가 **단모음** [i]로 발음합니다. 그러나 'happy' 'lazy' 'busy' 'money' 와 같이 'y' 앞에 자음 소리가 들렸을 때는 'y'를 **장모음** [i:]로 발음합니다.

근육 강화 Tip!

1. 처음 입모양이 [o]로 시작하는 돼지똥구멍처럼 조여진 모양으로 시작해야 합니다.
2. 음이 두 소리로 갈라지면 안 됩니다. 원래의 모음을 충분히 울려주어서 모음의 소리가 날 수 있도록 해야 합니다.
3. 모음의 정점에 강세가 있다는 것을 늘 기억해야 합니다.
4. 모음을 다 발음한 이후에 자음을 붙여야 합니다.

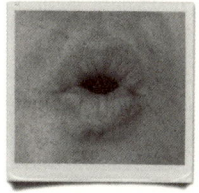
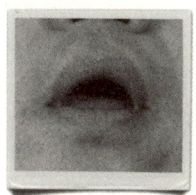

근육 강화 연습

자음의 종류에 따라 시작점과 끝점의 음높이가 다름을 기억하고, 단어의 음높이 기호의 모양대로 음성을 들으며 반복 연습하세요.

❶ boy ⌒   ❷ joint ⌒   ❸ toy ⌒   ❹ point ⌒

Word Practice

1. 다음 단어를 듣고 연습하면서 음높이 기호를 표시해 보세요.

oi	음높이 기호	oi	음높이 기호
❶ choice	⌒	❷ point	
❸ oink		❹ ointment	
❺ voice		❻ boy	
❼ annoy		❽ joy	
❾ coin		❿ noise	
⓫ toy		⓬ oil	
⓭ boil		⓮ appointment	
⓯ joint		⓰ join	

02 문장 훈련

1. [oi] 단어 그룹을 연결하여 문장을 발음하는 연습을 해볼까요?
▶ 기본이론의 연결공식 파트를 참고하세요. p.20

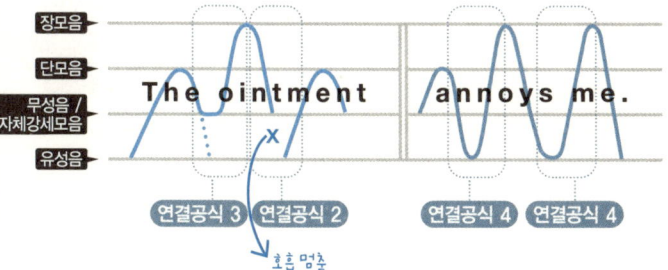

2. 그룹들을 자연스럽게 연결해서 발음해 봅시다.

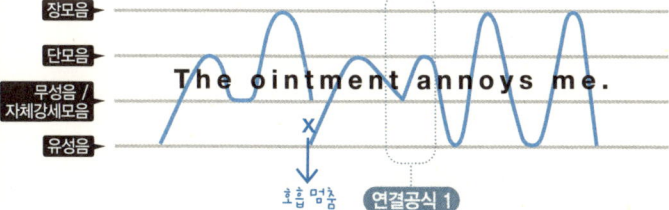

Sentence Practice

다음 문장을 듣고 따라한 후, 문장의 음높이와 길이를 표시하세요.

1.
Roy has a low voice.

장모음
단모음
무성음 / 자체강세모음
유성음

2.
She sells toys with joy.

3.
Does Troy have some coins?

4.

The car needs more engine oil.

5.

I'd like to make an appointment.

Chapter 4
복합모음

- **Day 15** R 계열의 복합모음 [ɑɚ] 발음
- **Day 16** R 계열의 복합모음 [eɚ]와 [iɚ] 발음
- **Day 17** R 계열의 복합모음 [ɔɚ]와 [uɚ] 발음
- **Day 18** R 계열의 복합 삼중모음 [aiɚ]와 [auɚ] 발음

∘ 입 모양 동영상 – Chapter 4

이중모음과 복합모음의 차이

이중모음은 2개의 개별 모음이 하나의 모음 곡선을 가지고 연결되어 소리나는 것이고, **복합모음**은 2개의 모음 중에 뒤에 나오는 모음이 schwa[ə]와 [r]이 거의 동시에 나는 [ɚ]음으로 발음되는 이중모음을 가리킵니다.

❶ 복합모음에서 [ɚ]과 복합될 때 만들어지는 소리는 원래의 모음을 내다가 [r]을 내기 위해 안쪽 입천장과 혀의 뿌리 위쪽이 가까워집니다.

❷ 그때 schwa [ə] 소리가 먼저 나면서 최종적으로 [r] 소리를 만들기 위한 미세한 틈을 만들어 내어 소리냅니다.

❸ 하지만, 여기서 특별히 알아둘 중요한 사항이 있습니다. 자음 뒤에 -er / -ir / -ur 가 나오는 단어들은 schwa[ə]를 내고 [r]을 내는 것이 아니라, 단숨에 [ɚ] 소리를 내는 것입니다.
예) tea**cher**, st**ir**, ch**ur**ch

Day 15. R 계열의 복합모음 [ɑɚ] 발음

✈ Today's Mission!

R 계열의 복합모음 [ɑɚ] 발음을 이해하고 발음할 수 있어요!

Target sounds ▶ 기본이론 p.14 참조

01 [ɑɚ] 음길이 ② 음높이 ②

원래의 모음 [ɑ]를 내다가 [r]을 내기 위해 안쪽 입천장과 혀의 뿌리 위쪽이 가까워집니다. 그때 schwa [ə] 소리가 먼저 나면서 최종적으로 [r] 소리를 만들기 위한 미세한 틈을 만들어 내는 소리입니다.

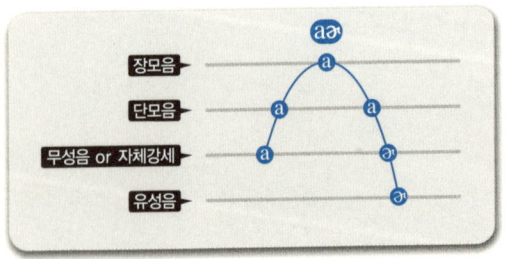

01 [aɚ]

이 소리는 입을 [a] 발음할 때처럼 벌린 상태에서 모음을 다 울린 후에 마지막 유성음 영역에서 [r]을 냅니다. 특히, 이 소리는 끝까지 울려주어야 합니다. 모음을 끝까지 울려서 발음한 다음에 자음을 붙여야, 삼켜지는 소리가 아니라 내뱉는 소리가 납니다.

근육 강화 Tip!

1. 모음 [a], [ɚ]를 하나로 부드럽게 연음해야 합니다. 소리가 각지게 구분되어서는 안됩니다.
2. 모음의 정점에 강세가 있다는 것을 늘 기억해야 합니다.
3. 모음을 다 발음한 이후에 자음을 붙여야 합니다.
4. 절대로 자음을 강하게 소리내지 않습니다. 자음을 강하게 내면 모음이 갈라진 2음절의 소리가 들리게 됩니다.

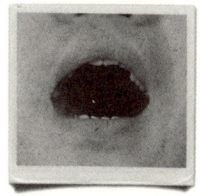
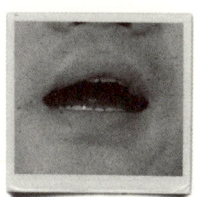

근육 강화 연습

자음의 종류에 따라 시작점과 끝점의 음높이가 다름을 기억하고, 단어의 음높이가 기호의 모양대로 음성을 들으며 반복 연습하세요.

❶ bar ❷ bark ❸ car ❹ cart

Word Practice

1. 다음 단어를 듣고 연습하면서 음높이 기호를 표시해 보세요.

aɚ	음높이 기호	aɚ	음높이 기호
❶ arm	⌢	❷ farm	
❸ art		❹ heart	
❺ bark		❻ park	
❼ car		❽ star	
❾ hard		❿ guard	
⓫ barn		⓬ darn	
⓭ cart		⓮ start	
⓯ far		⓰ jar	

02 문장 훈련

1. [aɚ] 단어 그룹을 연결하여 문장을 발음하는 연습을 해볼까요?

▶ 기본이론의 연결공식 파트를 참고하세요. p.20

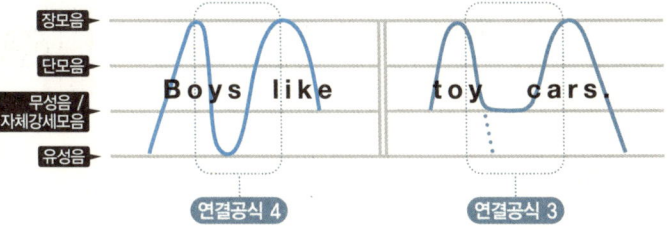

2. 그룹들을 자연스럽게 연결해서 발음해 봅시다.

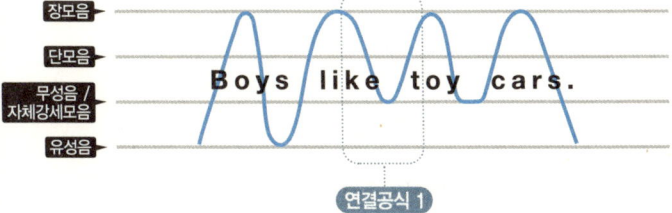

Sentence Practice

다음 문장을 듣고 따라한 후, 문장의 음높이, 길이를 표시하세요.

1.
It's hard to understand art.

◀ 장모음
◀ 단모음
◀ 무성음 / 자체강세모음
◀ 유성음

2.
The life guard is a super star.

3.
The car needs more engine oil.

4.

The farm is not far to go by car.

5.

Do not park your car in front of the bar.

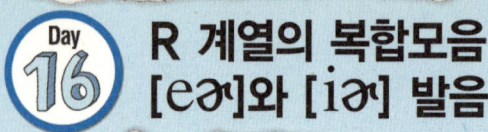

Day 16 R 계열의 복합모음 [eɚ]와 [iɚ] 발음

✈ Today's Mission!

복합모음 [eɚ]와 [iɚ] 발음을 이해하고 발음할 수 있어요!

Target sounds ▶ 기본이론 p.14 참조

01 [eɚ] 음길이 ② 음높이 ②
02 [iɚ] 음길이 ② 음높이 ②

원래의 모음 [e]와 [i]를 내다가 [r]을 내기 위해 안쪽 입천장과 혀의 뿌리 위쪽이 가까워져야 합니다. 그때 schwa [ə] 소리가 먼저 나면서 최종적으로 [r] 소리를 만들기 위한 미세한 틈을 만들어 내는 소리입니다.

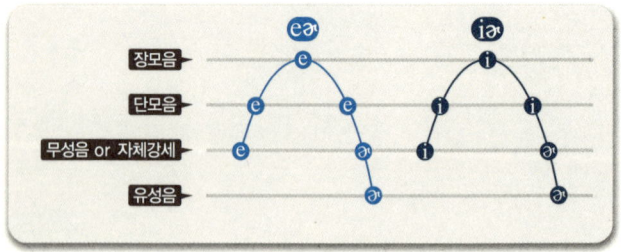

114 | 영어, 발음강사 되다! Chapter 4

01 [eɚ]

[eɚ]이라는 복합모음은 [e]라는 소리의 파장이 번져나가는 중에 [ɚ]라는 발음이 섞인 새로운 소리입니다. [eɚ] = e + ə + r로 소리납니다.

근육 강화 Tip!

1. 모음을 하나로 부드럽게 연음해야 합니다. 소리가 각지게 구분되어서는 안됩니다.
2. 모음의 정섬에 강세가 있다는 것을 늘 기억해야 합니다.
3. 모음을 다 발음한 이후에 자음을 붙여야 합니다.
4. 절대로 자음을 강하게 소리내지 않습니다. 자음을 강하게 내면 모음이 갈라진 2음절의 소리가 들리게 됩니다.

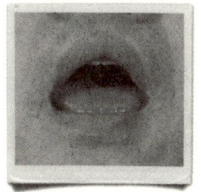
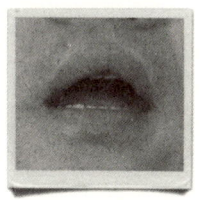

근육 강화 연습

자음의 종류에 따라 시작점과 끝점의 음높이가 다름을 기억하고, 단어의 음높이 기호의 모양대로 음성을 들으며 반복 연습하세요.

❶ dare ⌒   ❷ air ⌒   ❸ fair ⌒   ❹ tear v ⌒

02 [iɚ]

[iɚ]이라는 복합모음은 [i]라는 소리의 파장이 번져나가는 중에 [ɚ]라는 발음이 섞인 새로운 소리입니다. [iɚ] = i + ə + r로 소리납니다.

근육 강화 Tip!

1. 모음을 하나로 부드럽게 연음해야 합니다. 소리가 각지게 구분되어서는 안됩니다.
2. 모음의 정점에 강세가 있다는 것을 늘 기억해야 합니다.
3. 모음을 다 발음한 이후에 자음을 붙여야 합니다.
4. 절대로 자음을 강하게 소리내지 않습니다. 자음을 강하게 내면 모음이 갈라진 2음절의 소리가 들리게 됩니다.

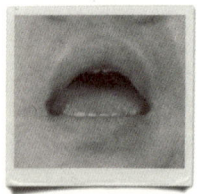
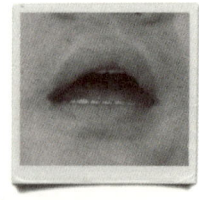

근육 강화 연습

자음의 종류에 따라 시작점과 끝점의 음높이가 다름을 기억하고, 단어의 음높이 기호의 모양대로 음성을 들으며 반복 연습하세요.

❶ beer ⌒   ❷ deer ⌒   ❸ hear ⌒   ❹ tear n ⌒

Word Practice

1. 다음 단어를 듣고 연습하면서 음높이 기호를 표시해 보세요.

eɚ	음높이 기호	iɚ	음높이 기호
❶ chair	⌒	❷ ear	
❸ bear		❹ beer	
❺ fair		❻ fear	
❼ hair		❽ hear	
❾ share		❿ deer	
⓫ pear		⓬ dear	
⓭ air		⓮ year	
⓯ care		⓰ near	

2. 다음 단어를 듣고 연습하면서 [eɚ]와 [iɚ] 발음기호를 표시하세요.

❶ rare	[eɚ]	❽ We're	[　]
❷ beard	[　]	❾ square	[　]
❸ player	[　]	❿ feared	[　]
❹ there	[　]	⓫ clear	[　]
❺ cleared	[　]	⓬ where	[　]
❻ dare	[　]	⓭ gear	[　]
❼ tear ⓝ	[　]	⓮ tear ⓥ	[　]

03 문장 훈련

1. [eə]와 [iə] 단어 그룹을 연결하여 문장을 발음하는 연습을 해볼까요? ▶ 기본이론의 연결공식 파트를 참고하세요. p.20

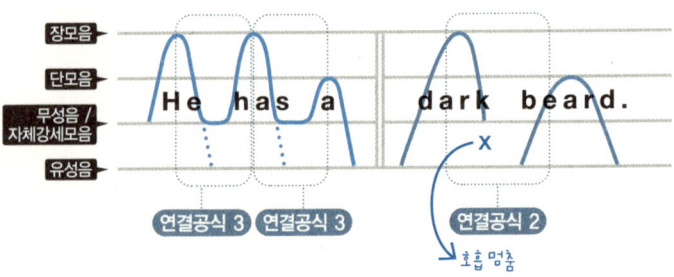

2. 그룹들을 자연스럽게 연결해서 발음해 봅시다.

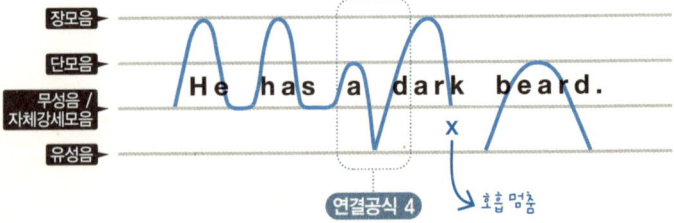

Sentence Practice

다음 문장을 듣고 따라한 후, 문장의 음높이와 길이를 표시하세요.

1. **We're living near here.**
   - 장모음
   - 단모음
   - 무성음 / 자체강세모음
   - 유성음

2. **She didn't share the pears.**

3. **Take care while you are there.**

4. **How dare you drink my beer?**

5. **I can hear with my two ears.**

✈ can이 [kən]으로 약세의 소리가 납니다.

Day 16 R 계열의 복합모음 [eɚ]와 [iɚ] 발음 | 119

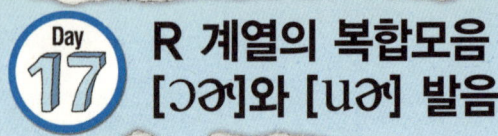

R 계열의 복합모음 [ɔɚ]와 [uɚ] 발음

✈ Today's Mission!

복합모음 [ɔɚ]와 [uɚ] 발음을 이해하고 발음할 수 있어요!

Target sounds ▶ 기본이론 p.14 참조

01 [ɔɚ] 음길이 ② 음높이 ②
02 [uɚ] 음길이 ② 음높이 ②

각각 원래의 모음 [ɔ]와 [u] 소리를 내다가 [r]을 내기 위해 안쪽 입천장과 혀의 뿌리 위쪽이 가까워져야 합니다. 그때 schwa [ə] 소리가 먼저 나면서 최종적으로 [r] 소리를 만들기 위한 미세한 틈을 만들어 내는 소리입니다.

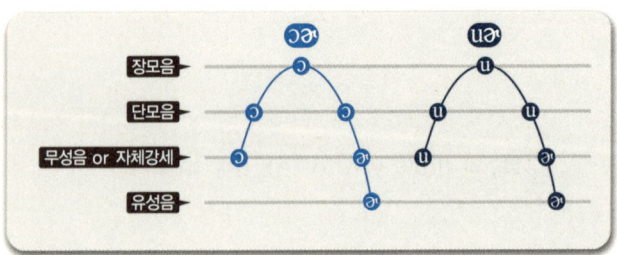

01 [ɔɚ]

입술을 작게 모은 후 혀의 뿌리를 안쪽 대각선 위쪽으로 당기면서 입천장을 서서히 내립니다. 그후 서서히 [ɔ+ə+r]을 한 소리처럼 연음해서 내야 하는 발음입니다.

근육 강화 Tip!

1. 첫소리 【ɔ】를 낼 때 입술을 최대한 힘을 주어 동그랗게 만들어야 합니다. 그래야 예쁜 발음을 만들 수 있습니다. 이런 방식으로 과장된 훈련이 실제 스피킹 시 정확한 원어민 발음을 만들어 냅니다.
2. 모음을 하나로 부드럽게 연음해야 합니다. 소리가 각지게 구분되어서는 안됩니다.
3. 모음의 정점에 강세가 있다는 것을 늘 기억해야 합니다.
4. 모음을 다 발음한 이후에 자음을 붙여야 합니다.
5. 절대로 자음을 강하게 소리내지 않습니다. 자음을 강하게 내면 모음이 갈라진 2음절의 소리가 들리게 됩니다.

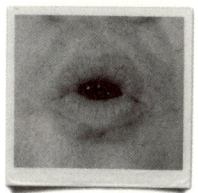
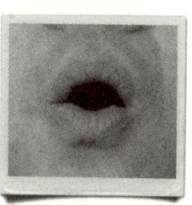

근육 강화 연습

자음의 종류에 따라 시작점과 끝점의 음높이가 다름을 기억하고, 단어의 음높이 기호의 모양대로 음성을 들으며 반복 연습하세요.

❶ door ❷ dork ❸ corn ❹ fork

② [uɚ]

[uɚ]는 앞에서 다룬 [ɔɚ] 보다 입술을 더 앞으로 내밀어서 [u+ə+r]을 한 소리처럼 연음해서 내어야 하는 발음입니다. 일반적으로 단어만을 발음할 때는 [uː+ə+r]로 소리나지만 스피킹 문장 안에서는 단모음 [u]로 시작하는 [u+ə+r]로 발음합니다.

근육 강화 Tip!

1. 모음을 하나로 부드럽게 연음해야 합니다. 소리가 각지게 구분되어서는 안됩니다.
2. 모음의 정점에 강세가 있다는 것을 늘 기억해야 합니다.
3. 모음을 다 발음한 이후에 자음을 붙여야 합니다.
4. 절대로 자음을 강하게 소리내지 않습니다. 자음을 강하게 내면 모음이 갈라진 2음절의 소리가 들리게 됩니다.

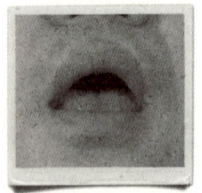
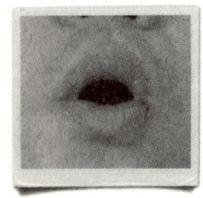

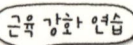

자음의 종류에 따라 시작점과 끝점의 음높이가 다름을 기억하고, 단어의 음높이 기호의 모양대로 음성을 들으며 반복 연습하세요.

❶ your　❷ tour　❸ poor　❹ sure

Word Practice

1. 다음 단어를 듣고 연습하면서 음높이 기호를 표시해 보세요.

ɔɚ	음높이 기호	uɚ	음높이 기호
❶ word	∩	❾ cure	
❷ bore		❿ poor	
❸ door		⓫ pure	
❹ more		⓬ sure	
❺ corn		⓭ tour	
❻ horn		⓮ your	
❼ born		⓯ mature	
❽ bored		⓰ lure	

2. 다음 단어를 듣고 연습하면서 [ɔɚ]와 [uɚ] 발음기호를 표시하세요.

❶ orange(s)	[ɔɚ]	❼ your	[ ]
❷ tour	[ ]	❽ tore	[ ]
❸ pure	[ ]	❾ poor	[ ]
❹ sore	[ ]	❿ sure	[ ]
❺ cure	[ ]	⓫ core	[ ]
❻ worse	[ ]	⓬ lure	[ ]

03 문장 훈련

1. [ɔɚ]와 [uɚ] 단어 그룹을 연결하여 문장을 발음하는 연습을 해 볼까요? ▶ 기본이론의 연결공식 파트를 참고하세요. p.20

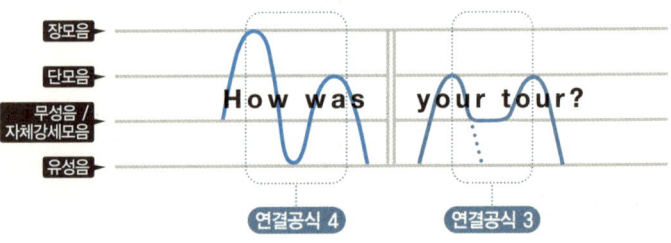

✈ your가 문장 안에서 단모음 높이로 약세의 소리가 납니다.

2. 그룹들을 자연스럽게 연결해서 발음해 봅시다.

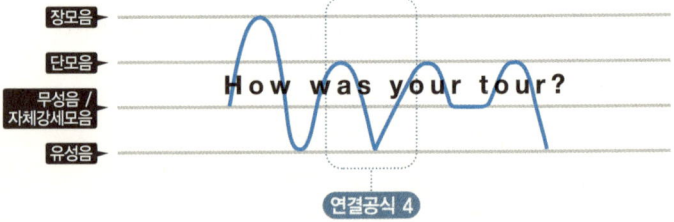

Sentence Practice

다음 문장을 듣고 따라한 후, 문장의 음높이와 길이를 표시하세요.

1. How was the tour to Europe?

   - 장모음
   - 단모음
   - 무성음 / 자체강세모음
   - 유성음

2. Let's have some more popcorn.

3. His sore throat is getting worse and worse.

   ✈ and는 문장 안에서 [ən]으로 약세의 소리가 납니다.

4. She is very mature and pure hearted for her age.

5. He was unable to go on a tour because he got poor.

Day 18
R계열의 복합 삼중모음 [aiɚ]와 [auɚ] 발음

✨Today's Mission!

복합 삼중모음 [aiɚ], [auɚ] 발음을 이해하고 발음할 수 있어요!

Target sounds ▶ 기본이론 p.14 참조

01 [aiɚ] 음길이 ② 음높이 ②
02 [auɚ] 음길이 ② 음높이 ②

원래의 모음 [ai]와 [au]를 내다가 [r]을 내기 위해 안쪽 입천장과 혀의 뿌리 위쪽이 가까워져야 합니다. 이때 schwa [ə] 소리가 먼저 나면서 최종적으로 [r] 소리를 만들기 위한 미세한 틈을 만들어 내는 소리입니다.

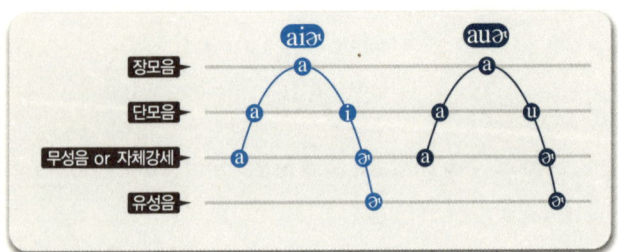

01 [aiɚ]

[aiɚ]는 [ai]를 먼저 발음하고 뒤의 [ə]와의 부드러운 연결을 위해 절반 짜리 모음인 [j]가 살짝 발생합니다. 그러면 우리말의 [ㅣ]+[ㅓ]를 빨리 발음하면 나는 소리, 즉 [ㅕ] 음과 비슷한 음이 생겨납니다. 그래서 [faiɚ]라는 발음이 [fajɚ]에 가까운 소리로 저절로 들리게 되는 것이지요. 그렇다고 우리말의 [여]로 발음해서는 안 됩니다. [j]+[ə]를 시간의 흐름에 따라 자연스럽게 연결해서 발음해야 합니다.

근육 강화 Tip!

1. 모음을 하나로 부드럽게 연음해야 합니다. 소리가 각지게 구분되어서는 안됩니다.
2. 모음의 정점에 강세가 있다는 것을 늘 기억해야 합니다.
3. 절대로 자음을 강하게 소리내지 않습니다. 자음을 강하게 내면 모음이 갈라진 2음절의 소리가 들리게 됩니다.

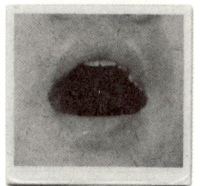 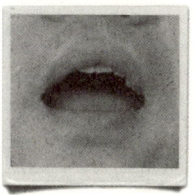 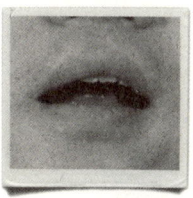

근육 강화 연습

자음의 종류에 따라 시작점과 끝점의 음높이가 다름을 기억하고, 단어의 음높이 기호의 모양대로 음성을 들으며 반복 연습하세요.

❶ wire ❷ tire ❸ fire ❹ sire

⓶ [auɚ]

[auɚ]는 [au]를 먼저 발음하고 뒤의 [ə]와의 부드러운 연결을 위해 절반 짜리 모음인 [w]가 살짝 발생합니다. 그러면 우리말의 [ㅜ]+[ㅓ]를 빨리 발음하면 나는 소리, 즉, [ㅝ] 음과 비슷한 음이 생겨나지요. 그래서 [flauər]라는 발음이 문장 안에서 빠르게 발음되면 [flawɚ]로 2음절 단어처럼 들리게 됩니다. 그렇다고 한국어의 [워]로 발음해서는 안 됩니다. [w]+[ə]를 시간의 흐름에 따라 자연스럽게 연결해서 발음해야 합니다.

근육 강화 Tip!

1. 모음을 하나로 부드럽게 연음해야 합니다. 소리가 각지게 구분되어서는 안됩니다.
2. 모음의 정점에 강세가 있다는 것을 늘 기억해야 합니다.
3. 자음을 강하게 소리내지 않습니다. 자음을 강하게 내면 모음이 갈라진 2음절의 소리가 들리게 됩니다.

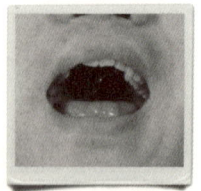 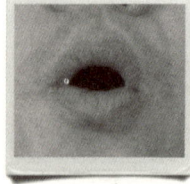 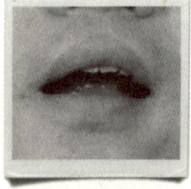

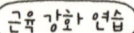 

자음의 종류에 따라 시작점과 끝점의 음높이가 다름을 기억하고, 단어의 음높이 기호의 모양대로 음성을 들으며 반복 연습하세요.

❶ bower ⌒   ❷ our ⌒   ❸ flour ⌒   ❹ sour ⌒

Word Practice

1. 다음 단어를 듣고 연습하면서 음높이 기호를 표시해 보세요.

aiɚ	음높이 기호	auɚ	음높이 기호
❶ hire	⌒	❷ hour	
❸ wire		❹ our	
❺ sire		❻ sour	
❼ fire		❽ flour	
❾ tire		❿ tower	
⓫ higher		⓬ power	
⓭ hire		⓮ flower	
⓯ hired		⓰ bower	

2. 다음 단어를 듣고 연습하면서 [aiɚ]와 [auɚ] 발음기호를 표시하세요.

❶ wired	[aiɚ]	❼ hour	[ ]
❷ flour	[ ]	❽ fired	[ ]
❸ tired	[ ]	❾ tower	[ ]
❹ Ireland	[ ]	❿ flower	[ ]
❺ higher	[ ]	⓫ bower	[ ]
❻ sour	[ ]	⓬ sire	[ ]

03 문장 훈련

1. [aiə]와 [auə] 단어 그룹을 연결하여 문장을 발음하는 연습을 해 볼까요? ▶ 기본이론의 연결공식 파트를 참고하세요. p.20

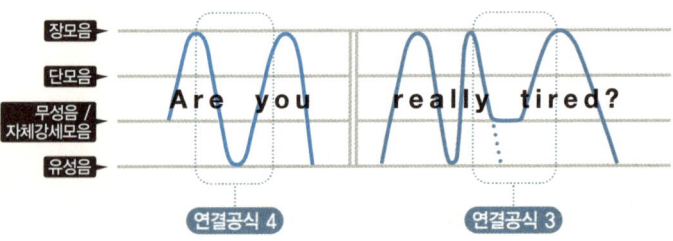

2. 그룹들을 자연스럽게 연결해서 발음해 봅시다.

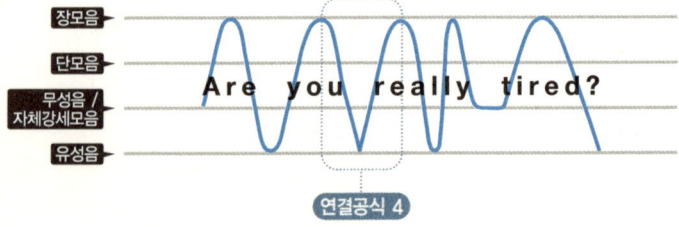

Sentence Practice

다음 문장을 듣고 따라한 후, 문장의 음높이와 길이를 표시하세요.

1.
   I got fired the day I was hired.
   - 장모음
   - 단모음
   - 무성음 / 자체강세모음
   - 유성음

2.
   We need to go to Ireland, sire.

3.
   We'll lose our power in an hour.

4.
   The higher we go, the more tired we will be.

5.
   Let's drink some sour punch on top of Eiffel Tower.

Chapter 5
자음

- **Day 19** [p]와 [b] 발음
- **Day 20** [f]와 [v] 발음
- **Day 21** [d], [t], [n] 발음
- **Day 22** [k]와 [g] 발음
- **Day 23** [s]와 [z] 발음
- **Day 24** [ʃ]와 [ʒ] 발음
- **Day 25** [tʃ]와 [dʒ] 발음
- **Day 26** [θ]와 [ð] 발음
- **Day 27** [h], [j], [w] 발음
- **Day 28** [m]과 [ŋ] 발음

○ 입 모양 동영상 – Chapter 5

우리말을 할 때처럼 자음을 세게 터뜨리려고 하지 말아야 합니다. 우리말의 자음은 강하게 터지는 반면에 영어의 자음은 마치 입술에 글루를 발라 놓은 것처럼 즉, 입술이나 윗니와 아랫니 사이에 글루 거미줄을 만들고, 천천히 입을 열면서 연습해 봅니다. 그러다 보면 턱근육, 안면근육, 혀근육, 심지어 성대 및 폐의 심폐 조절도 많이 좋아지는 것을 느끼게 됩니다.

❶ 영어의 **무성자음**은 폐에서 끌어올린 무성 호흡의 공기로 바람을 불어서 입술, 혀, 성대 등을 터트려서 내는 소리입니다. 이러한 첫 무성자음은 모음의 흐름을 타고 함께 울리게 됩니다.

❷ 영어의 **유성자음** 앞에는 여린 소리의 [ə]가 있다고 생각해서 발음해 봅니다. 그러면 보다 유성음이 모음과 함께 멋지게 울리는 것을 느낄 수 있게 됩니다.

근육 강화 Tip!

발음은 천천히 하면서 근육 단련을 하는 것이 매우 중요합니다. 빨리 문장을 발음하는 것이 더 어려운 것 같아 보입니다. 하지만, 아주 천천히 모든 발음 근육을 조정하면서 발음하는 것이 더 어렵고, 중요합니다. 이 의미는 모든 신체의 근육의 이론과 같습니다. 근육을 빠르게 움직여 걷는 것은 쉽지만, 단계를 구분하며 무게를 모든 근육을 한 번씩 사용하여 아주 천천히 걸어 보면 엄청난 운동이 되며 힘든 운동이란 사실을 느낄 수 있는 것입니다. 따라서, 잘 발음되지 않는 부분은 아주 천천히 훈련하여 점차 마음대로 근육을 조절하며 빠르고 정확한 소리를 낼 수 있는 단계로 연습해야 합니다.

Day 19 [p]와 [b] 발음

Today's Mission!

[p], [b] 발음 차이를 이해하고 발음할 수 있어요!

Target sounds ▶ 기본이론 p.15 참조

01 [p] 무성음, 무성음대에서 시작하거나 끝난다.
02 [b] 유성음, 유성음대에서 시작하거나 끝난다.

[p]와 [b] 발음은 자음의 발음을 한다기보다는 정확한 입모양만 만들어서 불어주거나 울려주는 것입니다. 즉, **무성음**은 바람을 불어 내주는 것이고, **유성음**은 낮은 음을 울려내어 주면 나머지 모든 발음은 모음이 자음을 자기의 몸에 태워 함께 울려준다는 의미입니다.

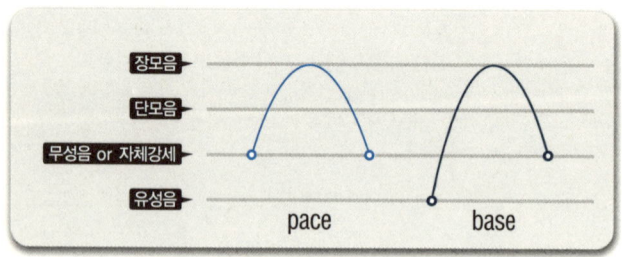

D19-1.mp3

01 [p]

[p]와 [b]는 위 아랫입술의 촉촉한 부분이 맞물렸다가 터지는 소리입니다. 터지는 소리가 강하려면 입술과 입술 사이에 바람이 새는 부분이 없어야 합니다. 입술 안쪽의 촉촉한 부분은 입술의 미세한 주름까지도 물기가 촉촉히 채워주고 있어서 더 깨끗하게 터지는 소리를 낼 수 있습니다.

근육 강화 Tip!

1. 긴 **무성호흡**으로 입술을 터뜨리면서 바람을 불어내는 소리입니다.

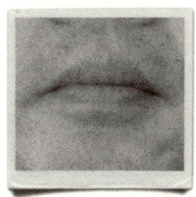

D19-2.mp3

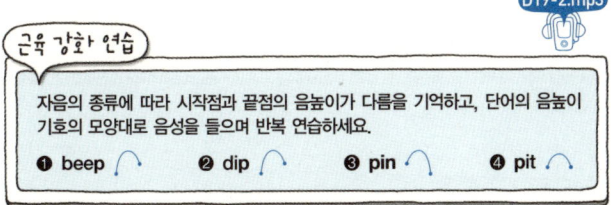

근육 강화 연습

자음의 종류에 따라 시작점과 끝점의 음높이가 다름을 기억하고, 단어의 음높이 기호의 모양대로 음성을 들으며 반복 연습하세요.

❶ beep ⌒   ❷ dip ⌒   ❸ pin ⌒   ❹ pit ⌒

02 [b]

[p]와 [b]는 위 아랫입술의 촉촉한 부분이 맞물렸다가 터지는 소리입니다. 터지는 소리가 강하려면 입술과 입술 사이에 바람이 새는 부분이 없어야 합니다. 입술 안쪽의 촉촉한 부분은 입술의 미세한 주름까지도 물기가 촉촉히 채워주고 있어서 더 깨끗하게 터지는 소리를 낼 수 있습니다.

근육 강화 Tip!

1. 낮은 schwa [ə] **유성호흡**으로 입술을 터뜨리면서 성대를 함께 울려주는 소리입니다.

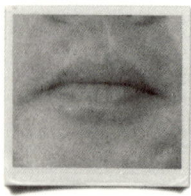

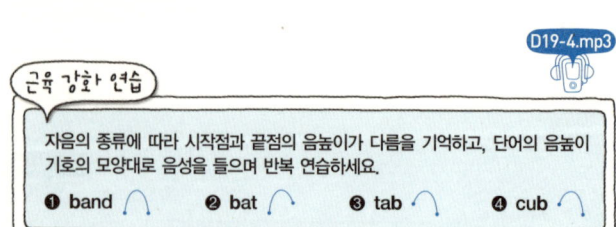

자음의 종류에 따라 시작점과 끝점의 음높이가 다름을 기억하고, 단어의 음높이 기호의 모양대로 음성을 들으며 반복 연습하세요.

❶ band   ❷ bat   ❸ tab   ❹ cub

Word Practice

1. 다음 단어를 듣고 연습하면서 음높이 기호를 표시해 보세요.

p	음높이 기호	b	음높이 기호
❶ pen	⌒	❷ ben	
❸ push		❹ bush	
❺ pull		❻ bull	
❼ pin		❽ bin	
❾ paid		❿ bate	
⓫ pan		⓬ ban	
⓭ pig		⓮ big	
⓯ pack		⓰ back	

2. 다음 단어를 듣고 연습하면서 [p]와 [b] 발음기호를 표시하세요.

❶ pear	[p]	❷ bear	[ ]
❸ tap	[ ]	❹ tab	[ ]
❺ peach	[ ]	❻ beach	[ ]
❼ pitch	[ ]	❽ bitch	[ ]
❾ cap	[ ]	❿ cab	[ ]
⓫ cup	[ ]	⓬ cub	[ ]

Sentence Practice

다음 문장을 듣고 따라한 후, 문장의 **음높**이와 길이를 표시하세요.

1.
   Bob got another job.

   - 장모음
   - 단모음
   - 무성음 / 자체강세모음
   - 유성음

2.
   Can I borrow a pen, please?

3.
   Pete paid for the broken cup.

4.

I had some beer with my peers.

5.

Ben has never been to the beach.

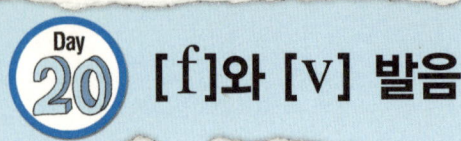

[f]와 [v] 발음

Today's Mission!

[f], [v] 발음 차이를 이해하고 발음할 수 있어요!

Target sounds ▶ 기본이론 p.15 참조

01 [f] 무성음, 무성음대에서 시작하거나 끝난다.
02 [v] 유성음, 유성음대에서 시작하거나 끝난다.

[f]와 [v] 발음은 역시 자음의 발음을 한다기보다는 윗앞니를 아랫입술 촉촉한 안쪽에 대고 미세한 바람의 틈을 만든 입모양만 만들어서 불어주거나 울려주는 것입니다. 즉, **무성음**은 바람을 불어 내주는 것이고, **유성음**은 낮은 음을 울려내어 주면 나머지 모든 발음은 모음이 자음을 자기의 몸에 태워 함께 울려준다는 의미입니다.

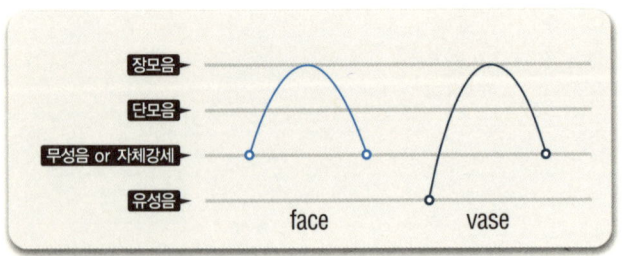

01 [f]

[f]와 [v]를 소리낼 때는 입술의 바깥쪽을 너무 세게 깨물지 말고 아랫입술 안쪽 위에 윗 두 앞니를 살짝 띄워서 올려놓고 소리를 내야 합니다. 세게 깨물면 바람이 나가지 않아서 소리가 나지 않기 때문입니다. [f]는 바람을 불어내는 **무성음**이고, [v]는 성대가 울리는 **유성음**입니다.

근육 강화 Tip!

1. 입술을 아랫 입술의 마른 부분과 젖은 부분의 경계에 위 두 앞니를 살짝 띄워서 올려 놓고 **무성 호흡**으로 불어내며 모음에 태워 소리를 냅니다.

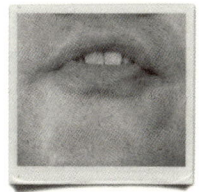

근육 강화 연습

자음의 종류에 따라 시작점과 끝점의 음높이가 다름을 기억하고, 단어의 음높이가 기호의 모양대로 음성을 들으며 반복 연습하세요.

❶ beef   ❷ food   ❸ fit   ❹ feet

02 [v]

[f]와 [v]를 소리낼 때는 입술의 바깥쪽을 너무 세게 깨물지 말고 아랫입술 안쪽 위에 위 두 앞니를 살짝 띄워서 올려놓고 소리를 내야 합니다. 세게 깨물면 바람이 나가지 않아서 소리가 나지 않기 때문입니다. [f]는 바람을 불어내는 **무성음**이고, [v]는 성대가 울리는 **유성음**입니다.

근육 강화 Tip!

1. [v]의 입모양은 [f]와 같은 입모양으로 시작해서 성대의 **유성호흡**으로 울려주는 소리입니다.

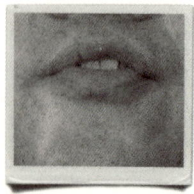

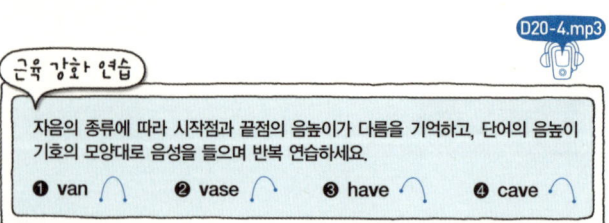

Word Practice

1. 다음 단어를 듣고 연습하면서 음높이 기호를 표시해 보세요.

f	음높이 기호	v	음높이 기호
❶ fan	⌒	❷ van	
❸ face		❹ vase	
❺ fact		❻ voice	
❼ fun		❽ very	
❾ first		❿ vampire	
⓫ leaf		⓬ leave	
⓭ half		⓮ have	
⓯ safe		⓰ love	

2. 다음 단어를 듣고 연습하면서 [f]와 [v] 발음기호를 표시하세요.

❶ rough	[f]	❷ give	[ ]
❸ laugh	[ ]	❹ live	[ ]
❺ fan	[ ]	❻ van	[ ]
❼ fat	[ ]	❽ vat	[ ]
❾ face	[ ]	❿ vase	[ ]
⓫ half	[ ]	⓬ have	[ ]

Day 20 [f]와 [v] 발음

Sentence Practice

다음 문장을 듣고 따라한 후, 문장의 음높이와 길이를 표시하세요.

1. **Victoria loves this vase.**

   ◀ 장모음
   ◀ 단모음
   ◀ 무성음 / 자체강세모음
   ◀ 유성음

2. **His funny voice made me laugh.**

3. **Vincent is going to have a new van.**

4.

It is not fun to hit the ball in the rough.

5.

It is not safe to play in front of the fan.

[d], [t], [n] 발음

Today's Mission!

[d], [t], [n] 발음 차이를 이해하고 발음할 수 있어요!

Target sounds ▶ 기본이론 p.15 참조

01 **[d]** 유성음, 유성음대에서 시작하거나 끝난다.
02 **[t]** 무성음, 무성음대에서 시작하거나 끝난다.
03 **[n]** 유성음, 유성음대에서 시작하거나 끝난다.

[d], [t], [n] 발음은 혀와 윗잇몸 안쪽에서의 압축이 무성 또는 유성호흡으로 터트려서 소리를 내는 것입니다. 즉, **무성음**은 바람을 불어 내주는 것이고, **유성음**은 낮은 음을 울려내어 주면 나머지 모든 발음은 모음이 자음을 자신의 몸에 태워 함께 울려준다는 의미입니다. 여기서 **[n]**은 코 안쪽에서 울리는 **비음**(nasal sound)입니다.

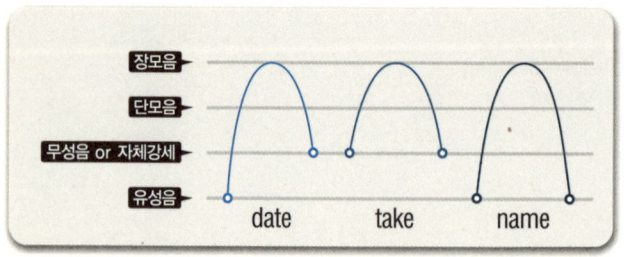

01 [d]

다행히도 [d], [t], [n]은 한국인들도 쉽게 낼 수 있는 소리입니다. 그래서 발음을 어려워하지는 않지만, 잊지 말아야 할 것은 이 발음들이 [ㄷ], [ㅌ], [ㄴ] 소리와는 다르다는 것입니다. [d], [t], [n]을 발음할 때는 혀의 위치를 반드시 입안의 우묵한 곳, 그러니까 윗잇몸 뒤에 대 압축시킨 후 터뜨려야 합니다. 그렇지 않으면 영어만의 울림소리가 나지 않고, 정지된 자음(stop consonant) 소리를 낼 때 힘들기 때문입니다.

근육 강화 Tip!

1. 혀끝만 접촉해서 터트려서는 안됩니다.
2. 혀의 면을 넓게 윗잇몸에 대고 압축을 한 후에 터트려야 합니다.
3. 이때 너무 급하게 닿지 말고 여유있게 닿았다가 터져야 합니다.

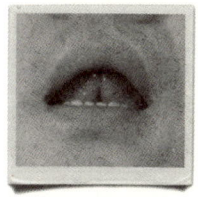

근육 강화 연습

자음의 종류에 따라 시작점과 끝점의 음높이가 다름을 기억하고, 단어의 음높이가 기호의 모양대로 음성을 들으며 반복 연습하세요.

❶ dent   ❷ feed   ❸ need   ❹ deep

02 [t]

다행히도 [d], [t], [n]은 한국인들도 쉽게 낼 수 있는 소리입니다. 그래서 발음을 어려워하지는 않지만, 잊지 말아야 할 것은 이 발음들이 [ㄷ], [ㅌ], [ㄴ] 소리와는 다르다는 것입니다. [d], [t], [n]을 발음할 때는 혀의 위치를 반드시 입안의 우묵한 곳, 그러니까 윗잇몸 뒤에 대 압축시킨 후 터뜨려야 합니다. 그렇지 않으면 영어만의 울림소리가 나지 않고, 정지된 자음(stop consonant) 소리를 낼 때 힘들기 때문입니다.

근육 강화 Tip!

1. 혀끝만 접촉해서 터트려서는 안됩니다.
2. 혀의 면을 넓게 윗잇몸에 대고 압축을 한 후에 터트려야 합니다.
3. 이때 빨리 닿았다가 바로 터트려야 합니다.

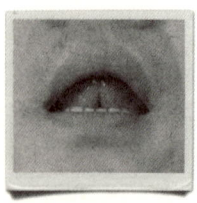

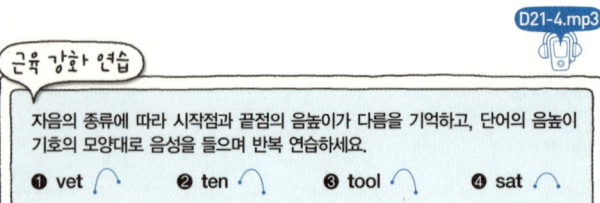

근육 강화 연습

자음의 종류에 따라 시작점과 끝점의 음높이가 다름을 기억하고, 단어의 음높이 기호의 모양대로 음성을 들으며 반복 연습하세요.

❶ vet   ❷ ten   ❸ tool   ❹ sat

❽ [n]

다행히도 [d], [t], [n]은 한국인들도 쉽게 낼 수 있는 소리입니다. 그래서 발음을 어려워하지는 않지만, 잊지 말아야 할 것은 이 발음들이 [ㄷ], [ㅌ], [ㄴ] 소리와는 다르다는 것입니다. [d], [t], [n]을 발음할 때는 혀의 위치를 반드시 입안의 우묵한 곳, 그러니까 윗잇몸 뒤에 대 압축시킨 후 터뜨려야 합니다. 그렇지 않으면 영어만의 울림소리가 나지 않고, 정지된 자음(stop consonant) 소리를 낼 때 힘들기 때문입니다.

근육 강화 Tip!

1. 혀끝만 접촉해서 터트려서는 안됩니다.
2. 혀의 면을 넓게 윗잇몸에 대고 압축을 한 후에 터트려야 합니다.

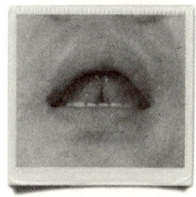

근육 강화 연습

자음의 종류에 따라 시작점과 끝점의 음높이가 다름을 기억하고, 단어의 음높이 기호의 모양대로 음성을 들으며 반복 연습하세요.

❶ none   ❷ net   ❸ soon   ❹ can

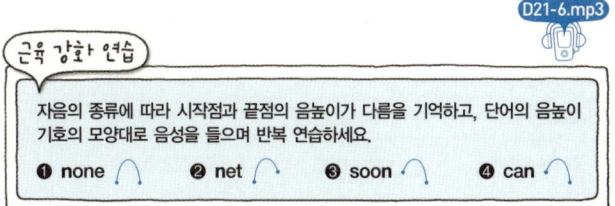

Word Practice

1. 다음 단어를 듣고 연습하면서 음높이 기호를 표시해 보세요.

d	음높이 기호	t	음높이 기호	n	음높이 기호
❶ dunk		❾ trunk		⓱ not	
❷ doughnut		❿ toe		⓲ note	
❸ day		⓫ ten		⓳ net	
❹ do		⓬ two		⓴ now	
❺ need		⓭ neat		㉑ sun	
❻ bed		⓮ bet		㉒ can	
❼ did		⓯ hit		㉓ one	
❽ had		⓰ hat		㉔ gone	

2. 다음 단어를 듣고 연습하면서 [d], [t], [n] 발음기호를 표시하세요.

❶ done	[d]	❽ tent	[t]	⓯ nine	[n]
❷ did	[ ]	❾ taught	[ ]	⓰ noon	[ ]
❸ dip	[ ]	❿ teach	[ ]	⓱ night	[ ]
❹ dad	[ ]	⓫ fight	[ ]	⓲ fun	[ ]
❺ dead	[ ]	⓬ won't	[ ]	⓳ know	[ ]
❻ down	[ ]	⓭ about	[ ]	⓴ knife	[ ]
❼ lead	[ ]	⓮ tree	[ ]	㉑ gone	[ ]

Sentence Practice

다음 문장을 듣고 따라한 후, 문장의 음높이와 길이를 표시하세요.

1.

   I don't get it.

   ◄ 장모음
   ◄ 단모음
   ◄ 무성음 / 자체강세모음
   ◄ 유성음

2.

   I have ten toes.

3.

   I bet it will be fun.

4.

   Do you make the bed every day?

5.

   Dunk the doughnut in your coffee.

Day 22 [k]와 [g] 발음

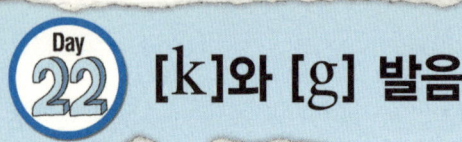

✈ Today's Mission!

[k], [g] 발음 차이를 이해하고 발음할 수 있어요!

Target sounds ▶ 기본이론 p.15 참조

01 [k] 무성음, 무성음대에서 시작하거나 끝난다.
02 [g] 유성음, 유성음대에서 시작하거나 끝난다.

---

[d], [t], [n] 발음은 혀의 앞부분의 약 1/2이 윗잇몸을 중심으로 압축되었다가 터지면서 내는 소리인 반면에, 반대로 [k], [g] 발음은 혀의 중간 뒷부분이 입천장 깊은 안쪽 부분 쪽으로 끌어당겨 지면서 압축이 일어났다가 무성 또는 유성호흡으로 터트려서 소리를 내는 것입니다. **무성음**은 바람을 불어내 주는 것이고, **유성음**은 낮은 음을 울려내어 주면 나머지 모든 발음은 모음이 자음을 자기의 몸에 태워 함께 울려줍니다.

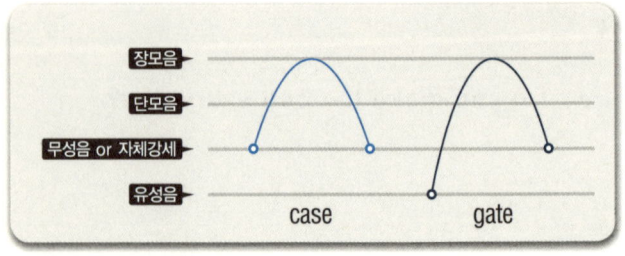

01 [k]

[k]와 [g] 발음은 우리말의 [ㅋ]과 [ㄱ]의 발음과 유사하게 내면 됩니다. [k]는 폐에서 끌어올린 **무성호흡**으로 성대를 터트려서 내는 소리입니다. [g]는 **유성음**으로 울리는 소리가 나야 합니다. 그리고 끝소리 [k]는 높은 음에서 아주 빠른 속도로 혀 안쪽과 입 안쪽 천장의 순간적인 압축으로 공기의 흐름을 막아야 하고, [g]는 낮은 음까지 기다리면서 혀 안쪽 부분에 천천히 입 안쪽 천장을 내려 닫으면서 정지되는 자음(stop consonant)으로 소리를 울리면 됩니다.

근육 강화 Tip!

1. 혀 면을 넓게 목 안쪽에 대고 압축을 한 후에 터트려 주어야 합니다.
2. 이때 빨리 닿았다가 바로 터트려야 합니다.

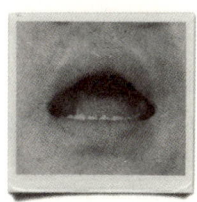

근육 강화 연습

자음의 종류에 따라 시작점과 끝점의 음높이가 다름을 기억하고, 단어의 음높이 기호의 모양대로 음성을 들으며 반복 연습하세요.

❶ kick   ❷ bank   ❸ clear   ❹ keep

02 [g]

[k]와 [g] 발음은 우리말의 [ㅋ]과 [ㄱ]의 발음과 유사하게 내면 됩니다. [k]는 폐에서 끌어올린 **무성호흡**으로 성대를 터트려서 내는 소리입니다. [g]는 **유성음**으로 울리는 소리가 나야 합니다. 그리고 끝소리 [k]는 높은 음에서 아주 빠른 속도로 혀 안쪽과 입 안쪽 천장의 순간적인 압축으로 공기의 흐름을 막아야 하고, [g]는 낮은 음까지 기다리면서 혀 안쪽 부분에 천천히 입 안쪽 천장을 내려 닫으면서 정지되는 자음(stop consonant)으로 소리를 울리면 됩니다.

근육 강화 Tip!

1. 혀 안쪽 면을 넓게 목 안쪽에 대고 압축을 한 후에 터트려 주어야 합니다.
2. 이때 너무 급하게 닿지 말고 여유있게 닿았다가 터져야 합니다.

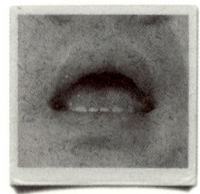

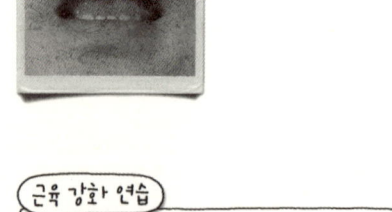

근육 강화 연습

자음의 종류에 따라 시작점과 끝점의 음높이가 다름을 기억하고, 단어의 음높이 기호의 모양대로 음성을 들으며 반복 연습하세요.

❶ good   ❷ ghost   ❸ tag   ❹ hog

Word Practice

1. 다음 단어를 듣고 연습하면서 음높이 기호를 표시해 보세요.

k	음높이 기호	g	음높이 기호
❶ keep		❾ good	
❷ kite		❿ God	
❸ could		⓫ ghost	
❹ camp		⓬ goal	
❺ cat		⓭ girl	
❻ make		⓮ egg	
❼ cake		⓯ hog	
❽ ask		⓰ league	

2. 다음 단어를 듣고 연습하면서 [k]와 [g] 발음기호를 표시하세요.

❶ cake	[k]	❽ give	[g]
❷ can	[ ]	❾ gig	[ ]
❸ make	[ ]	❿ big	[ ]
❹ cup	[ ]	⓫ gun	[ ]
❺ talk	[ ]	⓬ goose	[ ]
❻ kite	[ ]	⓭ hug	[ ]
❼ cook	[ ]	⓮ google	[ ]

Sentence Practice

다음 문장을 듣고 따라한 후, 문장의 음높이와 길이를 표시하세요.

1.

I dig a hole for the hog.

- 장모음
- 단모음
- 무성음 / 자체강세모음
- 유성음

2.

Good girls have their goals.

3.

The cook baked a cake for his cat.

4.

Could you keep the keys for Kate?

5.

The girl couldn't walk the dog with the cat.

[s]와 [z] 발음

Today's Mission!

[s], [z] 발음 차이를 이해하고 발음할 수 있어요!

Target sounds ▶ 기본이론 p.15 참조

01 **[s]** 무성음, 무성음대에서 시작하거나 끝난다.
02 **[z]** 유성음, 유성음대에서 시작하거나 끝난다.

[s]와 [z] 발음은 혀와 입천장 사이의 미세한 간격 사이로 공기의 흐름을 내보내는 것입니다. 이때 공기는 윗잇몸 근처에서 미세한 틈으로 흐르게 됩니다. **무성음**은 바람을 불어내 주는 것이고, **유성음**은 낮은 음을 울려내어 주면 나머지 모든 발음은 모음이 자음을 자기의 몸에 태워 함께 울려줍니다.

> **Tip:** 혀끝에 힘을 주게 되면 원하는 소리가 나지 않습니다. 반드시 혀끝이 아닌 윗잇몸 부분에서 혀의 끝부분보다 조금 안쪽에서 혀가 불룩 올라와 윗잇몸과 미세한 간격을 만들어 호흡을 지나가게 해야 한다는 것입니다. 선천적으로 [s]나 [z] 소리가 안 나는 분들이 있는데, 이런 연습을 더욱 열심히 하면 고쳐지게 됩니다.

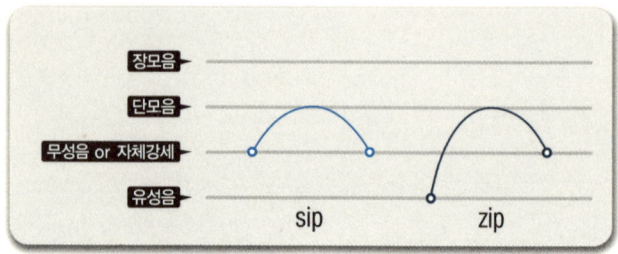

01 [s]

[s]는 일반적으로 우리말의 [ㅅ]을 내는 방법과 거의 비슷합니다. 그런데 의외로 영어의 [s]나 [z] 발음을 내기 힘들어하는 사람도 많습니다. 그럴 경우에 한가지 비법을 공개하자면, 혀를 침샘이 있는 데까지 완전히 내려놓고 발음하는 연습을 많이 하는 것입니다. 그러면 훨씬 센 바람이 나옵니다. 이 소리는 혀와 입천장 사이로 바람이 빠른 속도로 나오는 소리인데, 혀를 아래로 완전히 내려놓고 발음하면 누구든지 낼 수 있는 소리입니다. 이렇게 훈련하나 보면 머지않아 혀를 허공에 띄워서 원하는 소리를 낼 수 있게 됩니다.

근육 강화 Tip!

1. 혀를 앞니 뒤 허공에 살짝 띄워 놓고 바람을 천정과 이 사이로 일직선으로 내는 발음입니다.
2. 이때 성대가 울리지는 않고 바람만 불어주어야 합니다.

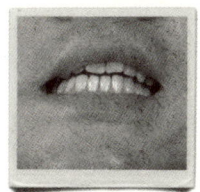

근육 강화 연습

자음의 종류에 따라 시작점과 끝점의 음높이가 다름을 기억하고, 단어의 음높이가 기호의 모양대로 음성을 들으며 반복 연습하세요.

❶ yes ⌒   ❷ bus ⌒   ❸ safe ⌒   ❹ sit ⌒

02 [z]

모음이 나는 곳에서 입천장과 혀의 완전한 압축이 일어나기 전의 미세한 공간으로 공기가 흐르면서 나는 자음 소리입니다. 북미의 모음들은 우리말의 모음보다 입의 안쪽에서 일어나므로 [s], [z] 소리도 역시 더 안쪽에서 나게 됩니다. [z]는 [s]를 내는 방법과 동일한 혀의 위치를 가지지만, 다른점이 있다면 무성호흡으로 내는 소리가 아닌 중저음의 **유성호흡**으로 소리를 불어낸다는 것입니다.

근육 강화 Tip!

1. 혀를 앞니 뒤 허공에 살짝 띄워 놓고 바람을 이사이로 일직선으로 내는 발음입니다.
2. 이때 성대가 울리면서 발음을 하여야 합니다.

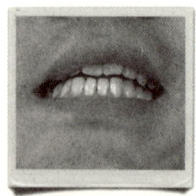

근육 강화 연습

자음의 종류에 따라 시작점과 끝점의 음높이가 다름을 기억하고, 단어의 음높이 기호의 모양대로 음성을 들으며 반복 연습하세요.

❶ zone   ❷ eyes   ❸ zip   ❹ his

Word Practice

1. 다음 단어를 듣고 연습하면서 음높이 기호를 표시해 보세요.

S	음높이 기호	Z	음높이 기호
❶ sew		❾ zone	
❷ sue		❿ zoo	
❸ scene		⓫ zebra	
❹ sip		⓬ zip	
❺ bus		⓭ buzz	
❻ ice		⓮ eyes	
❼ kiss		⓯ his	
❽ place		⓰ plays	

2. 다음 단어를 듣고 연습하면서 [s]와 [z] 발음기호를 표시하세요.

❶ snake	[S]	❽ zip	[Z]
❷ skin	[ ]	❾ zero	[ ]
❸ student	[ ]	❿ zoo	[ ]
❹ spy	[ ]	⓫ he's	[ ]
❺ pass	[ ]	⓬ ease	[ ]
❻ bus	[ ]	⓭ buzz	[ ]
❼ gas	[ ]	⓮ hers	[ ]

Sentence Practice

다음 문장을 듣고 따라한 후, 문장의 음높이와 길이를 표시하세요.

1.
   I saw Sam kissing.

   ◀ 장모음
   ◀ 단모음
   ◀ 무성음 / 자체강세모음
   ◀ 유성음

2.
   Susan sewed seven skirts.

3.
   Place some ice on the desk.

4.

I saw some zebras in the zoo.

5.

Zip your lips and close your eyes.

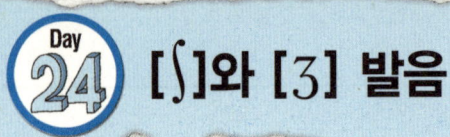

Day 24 [ʃ]와 [ʒ] 발음

Today's Mission!

[ʃ], [ʒ] 발음 차이를 이해하고 발음할 수 있어요!

Target sounds ▶ 기본이론 p.15 참조

01 [ʃ] 무성음, 무성음대에서 시작하거나 끝난다.
02 [ʒ] 유성음, 유성음대에서 시작하거나 끝난다.

[ʃ]와 [ʒ] 발음은 [s]와 [z] 발음처럼 혀와 입천장 사이의 미세한 간격 사이로 공기의 흐름을 내보내는 것입니다. 하지만, 이때 혀의 위치는 윗잇몸보다 안쪽에서 [s]와 [z] 발음을 할 때보다 조금 더 안쪽으로 당겨진 후, 더 넓은 상태로 만들어져서 공기를 천장과의 미세한 틈으로 부드럽게 흐르게 합니다. **무성음**은 바람을 불어내 주는 것이고, **유성음**은 낮은 음을 울려내어 주면 나머지 모든 발음은 모음이 자음을 자기의 몸에 태워 함께 울려줍니다.

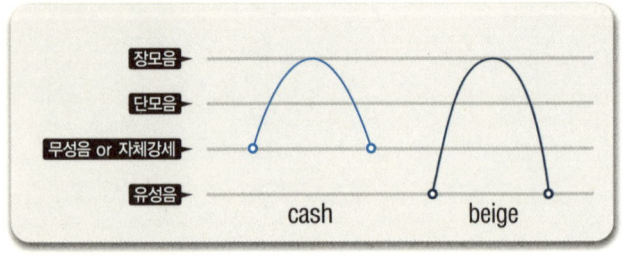

01 [ʃ]

[ʃ]와 [ʒ]는 일반적으로 우리말의 [쉬]를 내는 방법과 거의 비슷합니다. 영어의 [s]와 [z]는 **세로로** 나가는 바람 소리 같다면, [ʃ]와 [ʒ]는 전체 윗니와 아랫니의 사이로 **가로로** 나가는 바람 소리 같습니다.

근육 강화 Tip!

1. [s]는 혀의 넓이가 좁은 반면에 [ʃ]는 혀를 넓은 모양으로 만들어 **무성 호흡**을 불어내어 모음에 실어서 발음하면 됩니다.

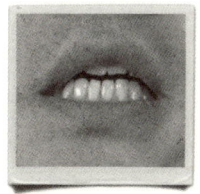

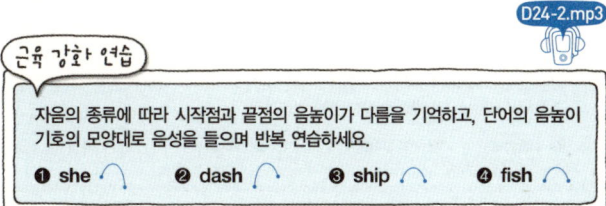

근육 강화 연습

자음의 종류에 따라 시작점과 끝점의 음높이가 다름을 기억하고, 단어의 음높이 기호의 모양대로 음성을 들으며 반복 연습하세요.

❶ she   ❷ dash   ❸ ship   ❹ fish

02 [ʒ]

[ʃ]와 [ʒ]는 일반적으로 우리말의 [쉬]를 내는 방법과 거의 비슷합니다. 영어의 [s]와 [z]는 **세로로** 나가는 바람 소리 같다면, [ʃ]와 [ʒ]는 전체 윗니와 아랫니의 사이로 **가로로** 나가는 바람 소리 같습니다.

근육 강화 Tip!

1. 혀를 [ʃ]와 같이 넓게 펴서 윗어금니에 대고 위, 아래 어금니가 서로 물지 않게 띄워서 천천히 **유성 바람**을 불어내어 보면서 목소리를 울리면 됩니다.
2. [ʒ]는 아주 부드러운 소리로 시작해서 모음에 실어야 합니다. 잘 발음이 안 되는 경우는 제대로 소리가 안 난다고 더욱 자음을 세게 내려 하기 때문이므로, 부드럽게 호흡을 불어내는 연습을 해야 합니다.

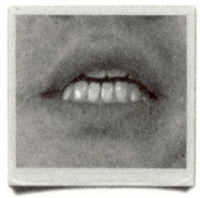

근육 강화 연습

자음의 종류에 따라 시작점과 끝점의 음높이가 다름을 기억하고, 단어의 음높이 기호의 모양대로 음성을 들으며 반복 연습하세요.

❶ beige   ❷ measure   ❸ pleasure   ❹ vision

Word Practice

1. 다음 단어를 듣고 연습하면서 음높이 기호를 표시해 보세요.

ʃ	음높이 기호	ʒ	음높이 기호
❶ she		❾ beige	
❷ shine		❿ Jolie	
❸ shore		⓫ Moulin Rouge	
❹ show		⓬ measure	
❺ shell		⓭ pleasure	
❻ sure		⓮ vision	
❼ cash		⓯ usual	
❽ dish		⓰ leisure	

2. 다음 단어를 듣고 연습하면서 [ʃ]와 [ʒ] 발음기호를 표시하세요.

❶ sheep	[ʃ]	❼ beige	[ʒ]
❷ shine	[ ]	❽ leisure	[ ]
❸ shrimp	[ ]	❾ vision	[ ]
❹ flash	[ ]	❿ decision	[ ]
❺ bush	[ ]	⓫ excursion	[ ]
❻ shell	[ ]	⓬ usually	[ ]

Sentence Practice

다음 문장을 듣고 따라한 후, 문장의 음높이와 길이를 표시하세요.

1.
Shane rarely needs supervision.

장모음
단모음
무성음 / 자체강세모음
유성음

2.
She sells seashells by the seashore.

3.
Sean washes the dishes with fresh water.

4.

Jolie drove her beige car to see Moulin Rouge.

5.

I usually feel a great pleasure when I watch television.

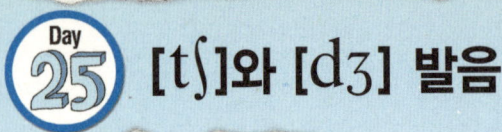

[tʃ]와 [dʒ] 발음

✈ Today's Mission!

[tʃ], [dʒ] 발음 차이를 이해하고 발음할 수 있어요!

Target sounds

01 [tʃ] 무성음, 무성음대에서 시작하거나 끝난다.
02 [dʒ] 유성음, 유성음대에서 시작하거나 끝난다.

[tʃ]와 [dʒ] 발음은 [t], [d]를 내는 곳에서 먼저 혀로 입천장을 압축시킨 후, 마치 우리말 [ㅊ], [ㅈ]를 소리내듯 혀의 압축을 터트리며 내는 소리입니다.

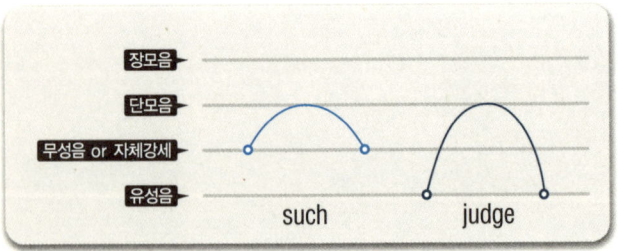

01 [tʃ]

영어의 [tʃ]와 [dʒ]는 우리말의 [ㅊ]이나 [ㅈ] 소리와 비슷하지만 같은 소리가 아닙니다. [tʃ]와 [dʒ]는 반드시 [ㅊ], [ㅈ]과 전혀 다른 방법으로 소리를 내야 합니다. 우리말로 [ㅊ]이나 [ㅈ]을 발음할 때는 윗잇몸에 혀가 살짝 스쳐가지만, 영어의 [tʃ]와 [dʒ]는 윗잇몸에 붙은 상태에서 터뜨리는 소리입니다. 그렇지 않으면 영어의 울림소리가 나지 않습니다. 연습할 때는 반드시 움푹 들어간 윗잇몸 뒤를 혀로 정지된 자음(stop consonant)인 [d]와 [t]를 막듯이 막은 후 혀를 떼며 살짝 터뜨리면서 소리냅니다.

근육 강화 Tip!

1. 윗잇몸에 붙은 상태에서 터뜨리는데 성대를 울려주지 않고 **무성호흡**을 불어냅니다.

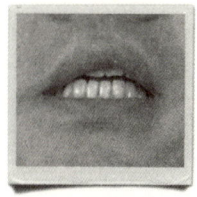

근육 강화 연습

자음의 종류에 따라 시작점과 끝점의 음높이가 다름을 기억하고, 단어의 음높이 기호의 모양대로 음성을 들으며 반복 연습하세요.

❶ charm ⌒   ❷ chair ⌒   ❸ such ⌒   ❹ catch ⌒

Day 25 [tʃ]와 [dʒ] 발음 | 171

02 [dʒ]

영어의 [tʃ]와 [dʒ]는 우리말의 [ㅊ]이나 [ㅈ] 소리와 비슷하지만 같은 소리가 아닙니다. [tʃ]와 [dʒ]는 반드시 [ㅊ], [ㅈ]과 전혀 다른 방법으로 소리를 내야 합니다. 우리말로 [ㅊ]이나 [ㅈ]을 발음할 때는 윗잇몸에 혀가 살짝 스쳐가지만, 영어의 [tʃ]와 [dʒ]는 윗잇몸에 붙은 상태에서 터뜨리는 소리입니다. 그렇지 않으면 영어의 울림소리가 나지 않습니다. 연습할 때는 반드시 움푹 들어간 윗잇몸 뒤를 혀로 정지된 자음(stop consonant)인 [d]와 [t]를 막듯이 막은 후 혀를 띄어내며 살짝 터뜨리면서 소리냅니다.

근육 강화 Tip!

1. 윗잇몸에 붙은 상태에서 터뜨리는데 **유성호흡**으로 성대를 울려줍니다.

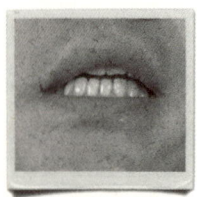

> 자음의 종류에 따라 시작점과 끝점의 음높이가 다름을 기억하고, 단어의 음높이 기호의 모양대로 음성을 들으며 반복 연습하세요.
>
> ❶ George ⌢   ❷ just ⌢   ❸ edge ⌢   ❹ cage ⌢

Word Practice

1. 다음 단어를 듣고 연습하면서 음높이 기호를 표시해 보세요.

tʃ	음높이 기호	dʒ	음높이 기호
❶ charm		❾ just	
❷ child		❿ Jim	
❸ chase		⓫ jungle	
❹ chair		⓬ George	
❺ chicken		⓭ jump	
❻ each		⓮ large	
❼ teach		⓯ edge	
❽ punch		⓰ bridge	

2. 다음 단어를 듣고 연습하면서 [tʃ]와 [dʒ] 발음기호를 표시하세요.

❶ charm	[tʃ]	❼ juggle	[ ]
❷ champ	[ ]	❽ jet	[ ]
❸ church	[ ]	❾ judge	[ ]
❹ punch	[ ]	❿ change	[ ]
❺ pitch	[ ]	⓫ page	[ ]
❻ change	[ ]	⓬ age	[ ]

Sentence Practice

다음 문장을 듣고 따라한 후, 문장의 음높이와 길이를 표시하세요.

1. I just got an urge to sing on the stage.

   - 장모음
   - 단모음
   - 무성음 / 자체강세모음
   - 유성음

2. Jim and George are jumping in the jungle.

3. John touches the chicken in a large cage.

4.

The child didn't get a chance to sit on the chair.

5.

My teacher gave some fruit punch to her coach.

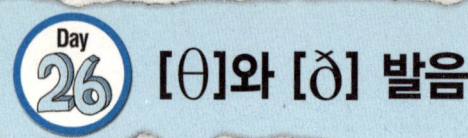

Day 26 [θ]와 [ð] 발음

Today's Mission!

[θ], [ð] 발음 차이를 이해하고 발음할 수 있어요!

Target sounds ▶ 기본이론 p.15 참조

01 [θ] 무성음, 무성음대에서 시작하거나 끝난다.
02 [ð] 유성음, 유성음대에서 시작하거나 끝난다.

[θ]와 [ð] 발음은 혀와 윗앞니 사이의 미세한 간격 사이로 공기의 흐름을 내보내는 것입니다. 하지만, 이때 조심해야 하는 것은 혀를 이로 물지 않고 미세한 간격을 만들어 공기를 불어내야 한다는 것입니다. 혀를 물게 되면 공기가 전혀 흐르지 못하게 되기 때문입니다. 역시 **무성음**은 바람을 불어 내주고, **유성음**은 낮은 음을 울려내어 주면 나머지 모든 발음은 모음이 자음을 자기의 몸에 태워 함께 울려줍니다.

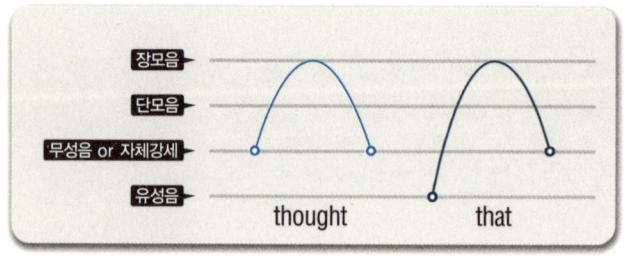

01 [θ]

[θ]와 [ð]는 [f], [v]와 비슷한 이론으로 소리를 냅니다. [f], [v]를 소리낼 때, 위 앞니가 아랫 입술을 꽉 무는 것이 아니라 살짝 띄운 미세한 틈을 만든 상태로 내듯이, [θ]와 [ð]도 위 앞니가 혀를 무는 형태가 아닌 살짝 띄운 미세한 틈 사이로 호흡을 불어내는 것입니다. 여기서 특별히 조심해야 할 사항은 혀를 강하게 물면 안 된다는 것입니다. 강하게 물고 소리를 내다보면 그 단어 자체 무성 [th] 소리가 [ㄸ] 또는 유성 [th] 소리가 [ㄷ] 소리를 내는 실수를 하기 때문입니다.

근육 강화 Tip!

1. 앞 윗니를 본인의 가장 편한 혀의 위치에 대고 살짝 떼어낸 상태에서 바람을 불어내면서 연습합니다.
2. 바람을 불다가 그 뒤에 따라 오는 모음에 실어서 함께 소리를 울려냅니다.
3. [θ] 소리가 끝에 오는 경우도 같은 방식으로 소리내되 단어의 강세 이후의 잔여 호흡으로만 소리를 낼 뿐이지 강한 끝자음 소리를 내면 안 됩니다.

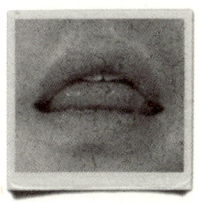

> 근육 강화 연습
>
> 자음의 종류에 따라 시작점과 끝점의 음높이가 다름을 기억하고, 단어의 음높이 기호의 모양대로 음성을 들으며 반복 연습하세요.
>
> ❶ both ⌒   ❷ thin ⌒   ❸ think ⌒   ❹ Seth ⌒

02 [ð]

[θ]와 [ð]는 [f], [v]와 비슷한 이론으로 소리를 냅니다. [f], [v]를 소리낼 때, 위 앞니가 아랫 입술을 꽉 무는 것이 아니라 살짝 띄운 미세한 틈을 만든 상태로 내듯이, [θ]와 [ð]도 위 앞니가 혀를 무는 형태가 아닌 살짝 띄운 미세한 틈 사이로 호흡을 불어내는 것입니다. 여기서 특별히 조심해야 할 사항은 혀를 강하게 물면 안 된다는 것입니다. 강하게 물고 소리를 내다보면 그 단어 자체 무성 [th] 소리가 [ㄸ] 또는 유성 [th] 소리가 [ㄷ] 소리를 내는 실수를 하기 때문입니다.

근육 강화 Tip!

1. [θ]와 같은 입 모양을 만든 후에 소리를 유성음의 낮은 음에서 울려 주면서 바람을 불다가 그 뒤에 따라 오는 모음에 실어서 함께 소리를 울려내어 주면 됩니다.
2. 끝에 오는 경우도 같은 방식으로 소리내어 주되 단어의 강세 이후의 잔여 호흡으로만 소리를 낼 뿐이지 강한 끝자음 소리를 내면 안됩니다.

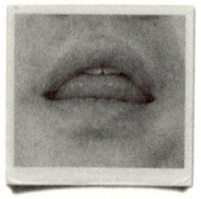

> ### 근육 강화 연습
>
> 자음의 종류에 따라 시작점과 끝점의 음높이가 다름을 기억하고, 단어의 음높이 기호의 모양대로 음성을 들으며 반복 연습하세요.
>
> ❶ then ⌒　❷ these ⌒　❸ this ⌒　❹ smooth ⌒

MEMO

Word Practice

1. 다음 단어를 듣고 연습하면서 음높이 기호를 표시해 보세요.

θ	음높이 기호	ð	음높이 기호
❶ three		❾ this	
❷ thumb		❿ that	
❸ theater		⓫ those	
❹ thank		⓬ these	
❺ think		⓭ their	
❻ thin		⓮ then	
❼ both		⓯ without	
❽ mouth		⓰ soothe	

2. 다음 단어를 듣고 연습하면서 [θ]와 [ð] 발음기호를 표시하세요.

❶ through	[θ]	❼ though	[ð]
❷ thigh	[ ]	❽ them	[ ]
❸ bath	[ ]	❾ bathe	[ ]
❹ breath	[ ]	❿ breathe	[ ]
❺ cloth	[ ]	⓫ clothe(s)	[ ]
❻ think	[ ]	⓬ smooth	[ ]

Sentence Practice

다음 문장을 듣고 따라한 후, 문장의 음높이와 길이를 표시하세요.

1. I've never thought of their death.

   - 장모음
   - 단모음
   - 무성음 / 자체강세모음
   - 유성음

2. She is wearing a smooth bathing suit.

3. Heaven helps those who help themselves.

4. I thought February thirteenth was Thursday.

5. Her fingers are thin, but her eyebrows are thick.

[h], [j], [w] 발음

✈ Today's Mission!

[h], [j], [w] 발음 차이를 이해하고 발음할 수 있어요!

Target sounds ▶ 기본이론 p.15 참조

01 [h] 무성음, 무성음대에서 시작하는 소리만 있다.
02 [j] 유성음, 유성음대에서 시작하거나 끝난다.
03 [w] 유성음, 유성음대에서 시작하거나 끝난다.

[h]는 무성호흡으로 우리말 [ㅎ]처럼 불어내면 되는 소리입니다.
[j]는 단모음 [i] 또는 장모음 [i:]를 시작으로 다음에 나오는 모음과 복합되는 발음입니다.
[w]는 schwa [ə] 발음과 다음에 나오는 모음과 복합되는 발음입니다.

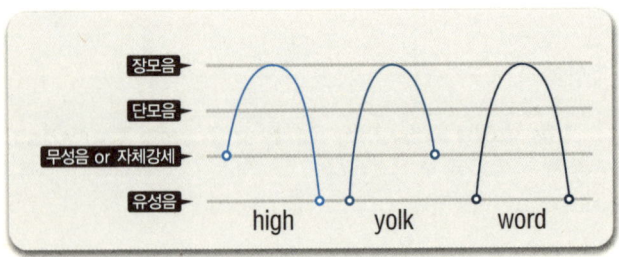

01 [h]

[h]는 **무성호흡**으로 우리말 [ㅎ] 처럼 불어내면 되는 쉬운 소리입니다.

근육 강화 Tip!

1. [h]라는 무성호흡을 뱉어내어 소리내면서 뒤에 따라오는 모음을 조심스럽게 울려주면 됩니다.

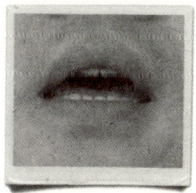

근육 강화 연습

자음의 종류에 따라 시작점과 끝점의 음높이가 다름을 기억하고, 단어의 음높이 기호의 모양대로 음성을 들으며 반복 연습하세요.

❶ have　　❷ heard　　❸ heat　　❹ hit

02 [j]

[j]는 [i] 또는 [i:]가 다른 모음과 복합되면서 나는 소리이기 때문에 그다지 어렵지 않은 자연스럽게 나는 소리입니다.

근육 강화 Tip!

1. 우리말에도 '이었어'를 '였어'로 발음하는 것과 똑같은 원리로 발음하면 됩니다.

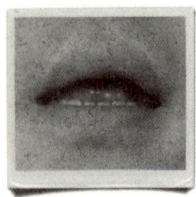

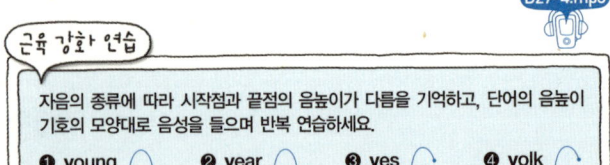

> 자음의 종류에 따라 시작점과 끝점의 음높이가 다름을 기억하고, 단어의 음높이 기호의 모양대로 음성을 들으며 반복 연습하세요.
>
> ❶ young ❷ year ❸ yes ❹ yolk

03 [w]

[w]는 한국인들이 힘들어하는 소리 중에 한가지입니다. 하지만, 방법만 알면 아주 간단한 소리입니다. 우리말의 모음은 영어의 모음에 비해 나오는 호흡양과 속도가 느리기 때문에 울림이 아주 약하다고 봐야 합니다. 그렇기 때문에 [w] 소리를 내는 방법이 익숙하지 않은 것입니다.

근육 강화 Tip!

1. 처음에 [ə]로 살짝 올리면서 폐에서 공기가 올라오면서 위, 아래 입술을 모았다가 뒤따라 오는 모음에 맞춰 입술 모양을 만들어 함께 소리를 울려주면 됩니다.

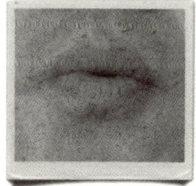

근육 강화 연습

자음의 종류에 따라 시작점과 끝점의 음높이가 다름을 기억하고, 단어의 음높이 기호의 모양대로 음성을 들으며 반복 연습하세요.

❶ would   ❷ wet   ❸ swim   ❹ queen

Word Practice

1. 다음 단어를 듣고 연습하면서 음높이 기호를 표시해 보세요.

h	음높이 기호	j	음높이 기호	w	음높이 기호
❶ he		❾ yes		⓱ weak	
❷ heat		❿ yellow		⓲ wet	
❸ her		⓫ young		⓳ would	
❹ have		⓬ yolk		⓴ world	
❺ happy		⓭ year		㉑ whether	
❻ holiday		⓮ usual		㉒ with	
❼ heard		⓯ Europe		㉓ swim	
❽ hit		⓰ few		㉔ twins	

2. 다음 단어를 듣고 연습하면서 [h], [j], [w] 발음기호를 표시하세요.

❶ high	[h]	❼ yell	[j]	⓭ wine	[w]
❷ hope	[ ]	❽ yawn	[ ]	⓮ won't	[ ]
❸ home	[ ]	❾ use	[ ]	⓯ wood	[ ]
❹ ham	[ ]	❿ yellow	[ ]	⓰ what	[ ]
❺ hand	[ ]	⓫ useful	[ ]	⓱ wolf	[ ]
❻ hint	[ ]	⓬ yarn	[ ]	⓲ wide	[ ]

Sentence Practice

다음 문장을 듣고 따라한 후, 문장의 음높이와 길이를 표시하세요.

1. What did he hear from her?

   - 장모음
   - 단모음
   - 무성음 / 자체강세모음
   - 유성음

2. Separate the yolk for your health.

3. I hope you have a happy holiday.

4. There are only a few new tubes left in the wagon.

5. Would you like to travel around the world with me?

[m]과 [ŋ] 발음

[m], [ŋ] 발음 차이를 이해하고 발음할 수 있어요!

Target sounds ▶ 기본이론 p.15 참조

01 [m] 유성음, 유성음대에서 시작하거나 끝난다.
02 [ŋ] 유성음, 유성음대에서 끝나는 소리만 있다.

[m], [ŋ] 모두 **유성 자음**이면서 [n]처럼 코 안쪽에서 울리는 비음 (nasal sound)입니다. [m]은 [p]나 [n]처럼 입술이 촉촉한 부분이 물린 상태에서 비음으로 울리는 자음이고, [ŋ]은 [k]나 [g]처럼 혀의 안쪽 부분이 입천장 안쪽 부분에 닫히면서 비음으로 울리는 자음입니다.

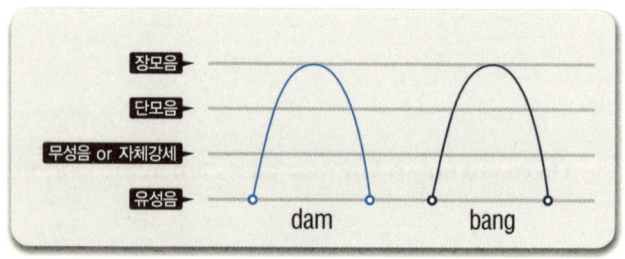

01 [m]

[m]과 [ŋ]이 두 자음은 코를 통하여 소리가 울리는 비음입니다. 자세한 방법은 아래에서 살펴볼까요?

근육 강화 Tip!

1. **[m]**은 **[b]**와 **[p]**처럼 윗입술과 아랫입술의 촉촉한 부분끼리 꼭 다문 다음에 **유성음**이 나와야 하는 낮은 음에서 울려주는 소리입니다.
2. **[m]**이 단어의 제일 마지막 단어로 올 때도 입술을 꼭 다물고 울려주어야 합니다.

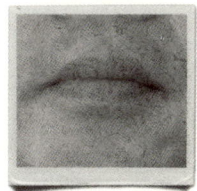

근육 강화 연습

자음의 종류에 따라 시작점과 끝점의 음높이가 다름을 기억하고, 단어의 음높이가 기호의 모양대로 음성을 들으며 반복 연습하세요.

❶ mom   ❷ mean   ❸ make   ❹ team

02 [ŋ]

[m]과 [ŋ]이 두 자음은 코를 통하여 소리가 울리는 비음입니다. 자세한 방법은 아래에서 살펴볼까요?

근육 강화 Tip!

1. **[ŋ]은 유성음**이 나와야 하는 낮은 음에서 울려주는 소리입니다. 이때 주의할 것은 우리말의 **[웅]**처럼 높은 음에서 내면 안됩니다. 울려주지 못하기 때문입니다.

2. 앞음절의 마지막 소리인 긴 **[iː]**의 소리와 -ing의 단모음 **[i]**가 복합이 되면 **[j]**라는 자음의 소리가 발생됩니다. 우리말 **[이에요]**가 **[예요]**로 소리나는 이치입니다.

   ex) be + ing = [biː]와 [ing] 사이에서 [j] 발생하여 마치 [biːjiŋ]

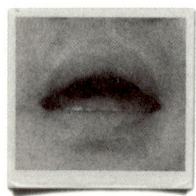

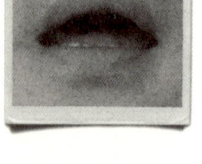

자음의 종류에 따라 시작점과 끝점의 음높이가 다름을 기억하고, 단어의 음높이 기호의 모양대로 음성을 들으며 반복 연습하세요.

❶ bang   ❷ lung   ❸ hang   ❹ sing

Word Practice

1. 다음 단어를 듣고 연습하면서 음높이 기호를 표시해 보세요.

m	음높이 기호	ŋ	음높이 기호
❶ Maria		❾ hang	
❷ mad		❿ being	
❸ make		⓫ hurrying	
❹ mean		⓬ seeing	
❺ him		⓭ studying	
❻ swim		⓮ sing	
❼ some		⓯ going	
❽ game		⓰ lung	

2. 다음 단어를 듣고 연습하면서 [m]과 [ŋ] 발음기호를 표시하세요.

❶ main	[m]	❼ hang	[ ]
❷ mine	[ ]	❽ bang	[ ]
❸ mom	[ ]	❾ ring	[ ]
❹ team	[ ]	❿ sing	[ ]
❺ fame	[ ]	⓫ being	[ ]
❻ morning	[ ]	⓬ saying	[ ]

Sentence Practice

다음 문장을 듣고 따라한 후, 문장의 음높이와 길이를 표시하세요.

1.

        Seeing is believing.

- 장모음
- 단모음
- 무성음 / 자체강세모음
- 유성음

2.

        The mean girl made Maria mad.

3.

        Mom must come home with him.

4.

We are having something delicious.

5.

You should be more interested in your

parents' well-being.

단모음 [ə]와 [ʌ] 발음

Word Practice

1. 다음 단어를 듣고 연습하면서 음높이 기호를 표시해 보세요.

ə	음높이 기호	ʌ	음높이 기호
❶ about		❾ cut	
❷ around		❿ shut	
❸ accuse		⓫ cub	
❹ allow		⓬ love	
❺ abandon		⓭ bus	
❻ apology		⓮ but	
❼ alone		⓯ other	
❽ awake		⓰ brother	

2. 다음 단어를 듣고 연습하면서 [ə]와 [ʌ] 발음기호를 표시하세요.

❶ afraid	[ə]	❼ another	[ʌ]
❷ putt	[ʌ]	❽ asleep	[ə]
❸ stunt	[ʌ]	❾ abuse	[ə]
❹ mother	[ʌ]	❿ awake	[ə]
❺ about	[ə]	⓫ nothing	[ʌ]
❻ abandon	[ə]	⓬ fun	[ʌ]

Sentence Practice

다음 문장을 듣고 따라한 후, 문장의 음높이와 길이를 표시하세요.

1. I love you so much.

   - 장모음
   - 단모음
   - 무성음 / 자체강세모음
   - 유성음

2. Please shut the door.
   x ↷ 호흡 멈춤

3. You will get in trouble.

4. My mother tongue is Korean.

5. My cousin lives with my brother.

단모음 [e]와 [i] 발음

Word Practice

1. 다음 단어를 듣고 연습하면서 음높이 기호를 표시해 보세요.

e	음높이 기호	i	음높이 기호
❶ check	⌒	❷ chick	⌒
❸ pen	⌒	❹ pin	⌒
❺ fell	⌒	❻ fill	⌒
❼ tell	⌒	❽ Tim	⌒
❾ bet	⌒	❿ bit	⌒
⓫ bed	⌒	⓬ bid	⌒
⓭ rest	⌒	⓮ wrist	⌒
⓯ bell	⌒	⓰ bill	⌒

2. 다음 단어를 듣고 연습하면서 [e]와 [i] 발음기호를 표시하세요.

❶ pin	[i]	❷ pen	[e]
❸ pet	[e]	❹ pit	[i]
❺ rest	[e]	❻ wrist	[i]
❼ bitter	[i]	❽ better	[e]
❾ fill	[i]	❿ fell	[e]
⓫ check	[e]	⓬ chick	[i]

Sentence Practice

다음 문장을 듣고 따라한 후, 문장의 음높이와 길이를 표시하세요.

1. Bill tells me a bit.

   - 장모음
   - 단모음
   - 무성음 / 자체강세모음
   - 유성음

2. Bill rings the bell.

3. She fell on the pin.

4. I need to check the chick.
   x → 호흡 멈춤

5. I won't tell you about this, Tim.
   x → 호흡 멈춤

단모음 [u] 발음

Word Practice

1. 다음 단어를 듣고 연습하면서 음높이 기호를 표시해 보세요.

u	음높이 기호	u	음높이 기호
❶ push	⌒	❾ look	⌒
❷ good	⌒	❿ should	⌒
❸ took	⌒	⓫ foot	⌒
❹ cook	⌒	⓬ pull	⌒
❺ put	⌒	⓭ full	⌒
❻ wood	⌒	⓮ bull	⌒
❼ would	⌒	⓯ could	⌒
❽ stood	⌒	⓰ book	⌒

Sentence Practice

다음 문장을 듣고 따라한 후, 문장의 음높이와 길이를 표시하세요.

1.
He is a good cook.

- 장모음
- 단모음
- 무성음 / 자체강세모음
- 유성음

2.
You should take a look.

3.
This box is full of cookies.

호흡멈춤

4.
Don't push it, just pull it.

호흡멈춤

5.
Please put your right foot on the wood.

Day 05 모음을 울려서 발음하는 자음! - [r]

Word Practice

1. 다음 단어를 듣고 연습하면서 음높이 기호를 표시해 보세요.

r	음높이 기호	r	음높이 기호
❶ run	∩	❾ free	∩
❷ Reeve	∩	❿ pray	∩
❸ rub	∩	⓫ crime	∩
❹ right	∩	⓬ fear	∩
❺ French	∩	⓭ car	∩
❻ fry	∩	⓮ wear	∩
❼ rule	∩	⓯ store	∩
❽ rain	∩	⓰ hair	∩

Day 06 모음을 울려서 발음하는 자음! - [l]

Word Practice

1. 다음 단어를 듣고 연습하면서 음높이 기호를 표시해 보세요.

Clear [l]	음높이 기호	Clear [l]	음높이 기호
❶ learn	⌒	❾ climb	⌒
❷ leave	⌒	❿ English	⌒⌒
❸ love	⌒	⓫ blue	⌒
❹ light	⌒	⓬ ball	⌒
❺ line	⌒	⓭ still	⌒
❻ fly	⌒	⓮ feel	⌒
❼ flee	⌒	⓯ pull	⌒
❽ play	⌒	⓰ well	⌒

2. 다음 단어를 듣고 연습하면서 음높이 기호를 표시해 보세요.

Dark [l]	음높이 기호	Dark [l]	음높이 기호
❶ golf	⌒	❻ silk	⌒
❷ help	⌒	❼ stealth	⌒
❸ health	⌒	❽ else	⌒
❹ shelf	⌒	❾ salt	⌒
❺ milk	⌒	❿ fault	⌒

Sentence Practice

다음 문장을 듣고 따라한 후, 문장의 음높이와 길이를 표시하세요.

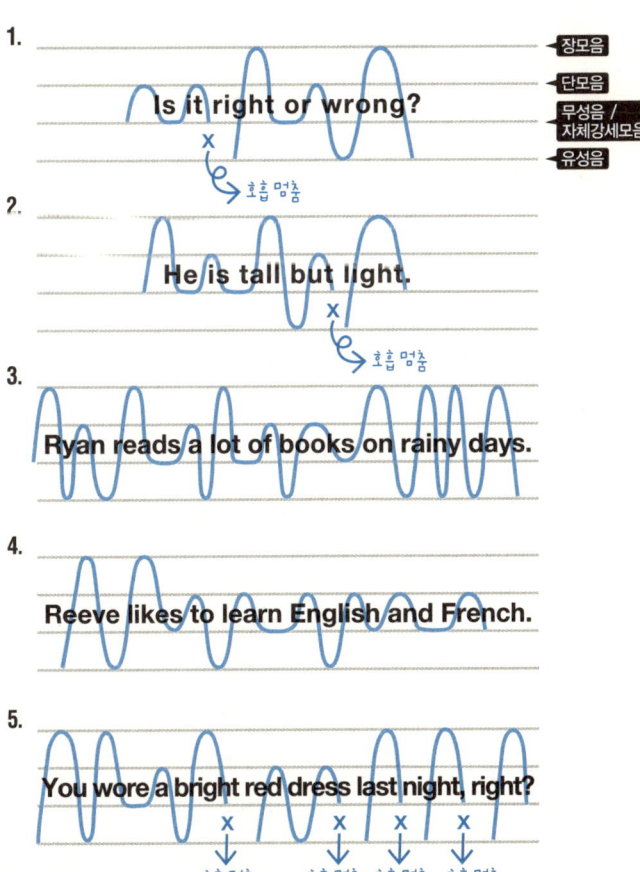

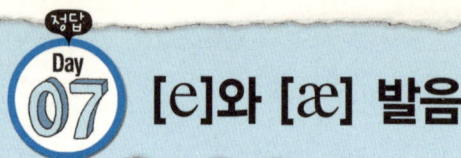

[e]와 [æ] 발음

Word Practice

1. 다음 단어를 듣고 연습하면서 음높이 기호를 표시해 보세요.

e	음높이 기호	æ	음높이 기호
❶ bed	⌒	❷ bad	⌒
❸ bet	⌒	❹ bat	⌒
❺ said	⌒	❻ sad	⌒
❼ pet	⌒	❽ pat	⌒
❾ dead	⌒	❿ dad	⌒
⓫ ben	⌒	⓬ ban	⌒
⓭ head	⌒	⓮ had	⌒
⓯ set	⌒	⓰ sat	⌒

2. 다음 단어를 듣고 연습하면서 [e]와 [æ] 발음기호를 표시하세요.

❶ bad	[æ]	❷ bed	[e]
❸ bag	[æ]	❹ beg	[e]
❺ sad	[æ]	❻ said	[e]
❼ man	[æ]	❽ men	[e]
❾ dad	[æ]	❿ dead	[e]
⓫ sat	[æ]	⓬ set	[e]

Sentence Practice

다음 문장을 듣고 따라한 후, 문장의 음높이와 길이를 표시하세요.

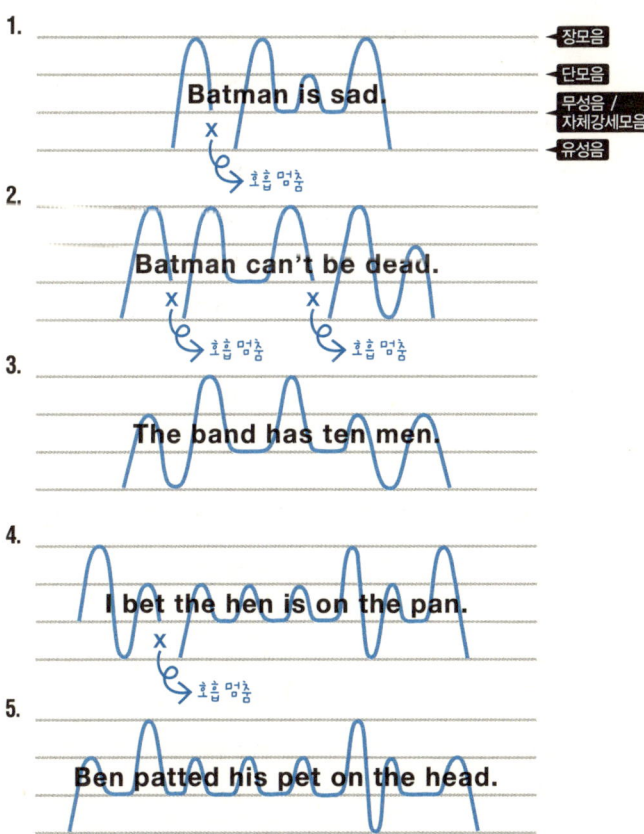

[i]와 [iː] 발음

Word Practice

1. 다음 단어를 듣고 연습하면서 음높이 기호를 표시해 보세요.

i	음높이 기호	iː	음높이 기호
❶ been	⌒	❷ bean	⌒
❸ fit	⌒	❹ feet	⌒
❺ dip	⌒	❻ deep	⌒
❼ sin	⌒	❽ seen	⌒
❾ ship	⌒	❿ sheep	⌒
⓫ piss	⌒	⓬ peace	⌒
⓭ it	⌒	⓮ eat	⌒
⓯ ill	⌒	⓰ eel	⌒

2. 다음 단어를 듣고 연습하면서 [i]와 [iː] 발음기호를 표시하세요.

❶ it	[i]	❷ eat	[iː]
❸ sit	[i]	❹ seat	[iː]
❺ piss	[i]	❻ peace	[iː]
❼ hit	[i]	❽ heat	[iː]
❾ ship	[i]	❿ sheep	[iː]
⓫ fill	[i]	⓬ feel	[iː]

Sentence Practice

다음 문장을 듣고 따라한 후, 문장의 음높이와 길이를 표시하세요.

1. She gave him some tip.

   - 장모음
   - 단모음
   - 무성음 / 자체강세모음
   - 유성음

2. Eve is killing the sheep.

3. She feels like eating eels.

4. She gives him a seat to sit.

5. He needs to eat peas for dinner.

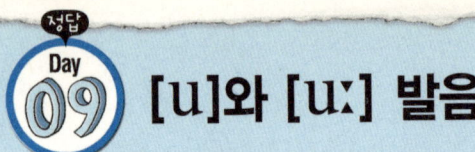

[u]와 [uː] 발음

Word Practice

1. 다음 단어를 듣고 연습하면서 음높이 기호를 표시해 보세요.

u	음높이 기호	uː	음높이 기호
❶ full	⌒	❷ fool	⌒
❸ pull	⌒	❹ pool	⌒
❺ look	⌒	❻ Luke	⌒
❼ foot	⌒	❽ food	⌒
❾ cook	⌒	❿ cool	⌒
⓫ good	⌒	⓬ shoe	⌒
⓭ book	⌒	⓮ soon	⌒
⓯ took	⌒	⓰ two	⌒

2. 다음 단어를 듣고 연습하면서 [u]와 [uː] 발음기호를 표시하세요.

❶ full	[u]	❷ fool	[uː]
❸ book	[u]	❹ boot	[uː]
❺ foot	[u]	❻ food	[uː]
❼ look	[u]	❽ Luke	[uː]
❾ pull	[u]	❿ pool	[uː]
⓫ should	[u]	⓬ shoe	[uː]

Sentence Practice

다음 문장을 듣고 따라한 후, 문장의 음높이와 길이를 표시하세요.

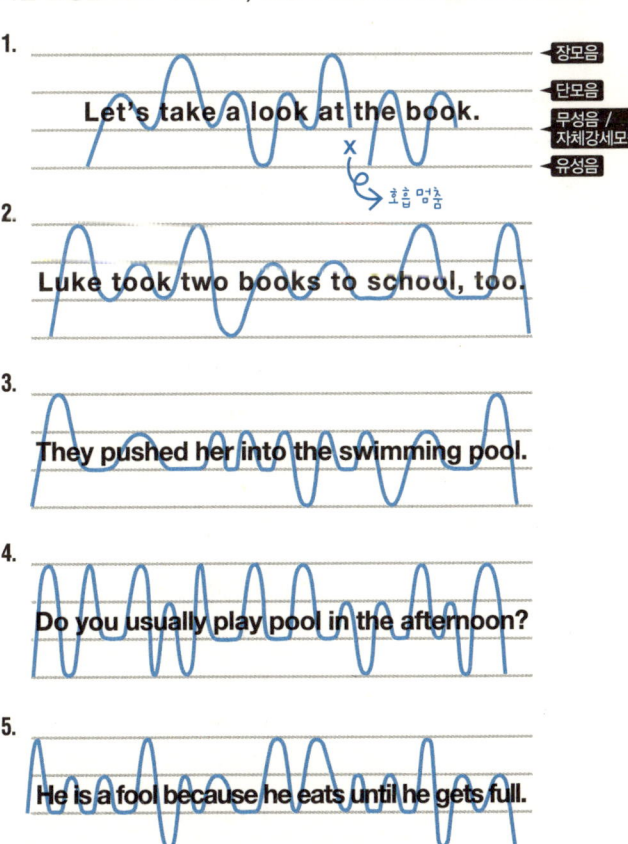

1. Let's take a look at the book. 장모음 / 단모음 / 무성음·자체강세모음 / 유성음 호흡멈춤
2. Luke took two books to school, too.
3. They pushed her into the swimming pool.
4. Do you usually play pool in the afternoon?
5. He is a fool because he eats until he gets full.

Day 10 [a]와 [ɔː] 발음

Word Practice

1. 다음 단어를 듣고 연습하면서 음높이 기호를 표시해 보세요.

a	음높이 기호	ɔː	음높이 기호
❶ top	⌒	❾ soft	⌒
❷ odd	⌒	❿ all	⌒
❸ ah	⌒	⓫ awe	⌒
❹ hot	⌒	⓬ bought	⌒
❺ gone	⌒	⓭ caught	⌒
❻ god	⌒	⓮ brought	⌒
❼ dollar	⌒⌒	⓯ taught	⌒
❽ collar	⌒⌒	⓰ on	⌒

2. 다음 단어를 듣고 연습하면서 [a]와 [ɔː] 발음기호를 표시하세요.

❶ collar	[a]	❷ caller	[ɔː]
❸ cot	[a]	❹ caught	[ɔː]
❺ tot	[a]	❻ taught	[ɔː]
❼ ah	[a]	❽ awe	[ɔː]
❾ lot	[a]	❿ law	[ɔː]
⓫ copy	[a]	⓬ coffee	[ɔː]

Sentence Practice

다음 문장을 듣고 따라한 후, 문장의 음높이와 길이를 표시하세요.

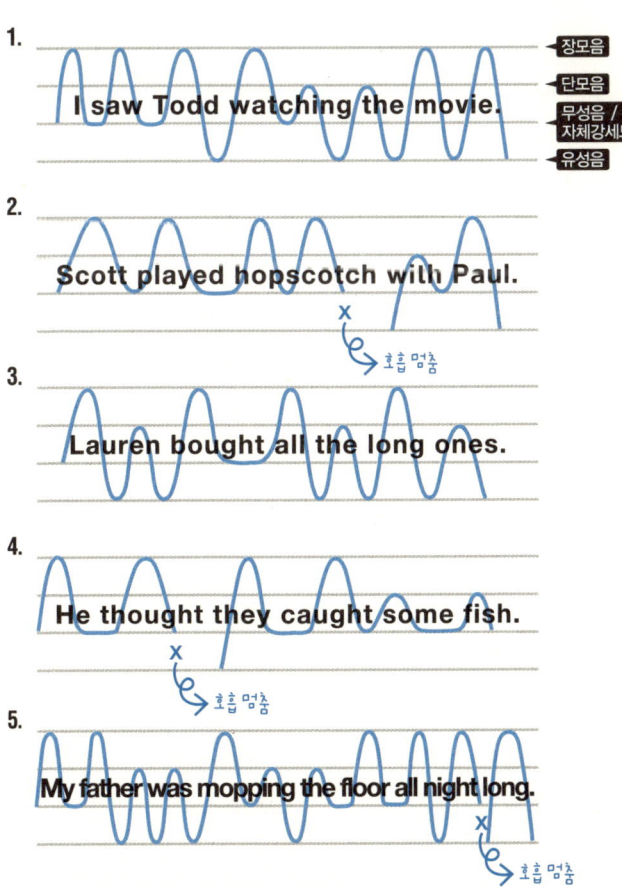

1. I saw Todd watching the movie.
   - 장모음
   - 단모음
   - 무성음 / 자체강세모음
   - 유성음

2. Scott played hopscotch with Paul.
   ✗ 호흡 멈춤

3. Lauren bought all the long ones.

4. He thought they caught some fish.
   ✗ 호흡 멈춤

5. My father was mopping the floor all night long.
   ✗ 호흡 멈춤

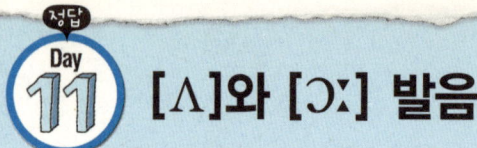

Day 11 [ʌ]와 [ɔː] 발음

Word Practice

1. 다음 단어를 듣고 연습하면서 음높이 기호를 표시해 보세요.

ʌ	음높이 기호	ɔː	음높이 기호
❶ lung	∩	❷ long	∩
❸ but	⌒	❹ bought	⌒
❺ bus	⌒	❻ boss	⌒
❼ gulf	⌒	❽ golf	⌒
❾ fun	∩	❿ fawn	∩
⓫ bud	∩	⓬ brought	⌒
⓭ putt	⌒	⓮ sought	⌒
⓯ punch	∩	⓰ paunch	∩

2. 다음 단어를 듣고 연습하면서 [ʌ]와 [ɔː] 발음기호를 표시하세요.

❶ bus	[ʌ]	❷ boss	[ɔː]
❸ gulf	[ʌ]	❹ golf	[ɔː]
❺ but	[ʌ]	❻ bud	[ɔː]
❼ lung	[ʌ]	❽ long	[ɔː]
❾ bought	[ɔː]	❿ brought	[ɔː]
⓫ cut	[ʌ]	⓬ caught	[ɔː]

Sentence Practice

다음 문장을 듣고 따라한 후, 문장의 음높이와 길이를 표시하세요.

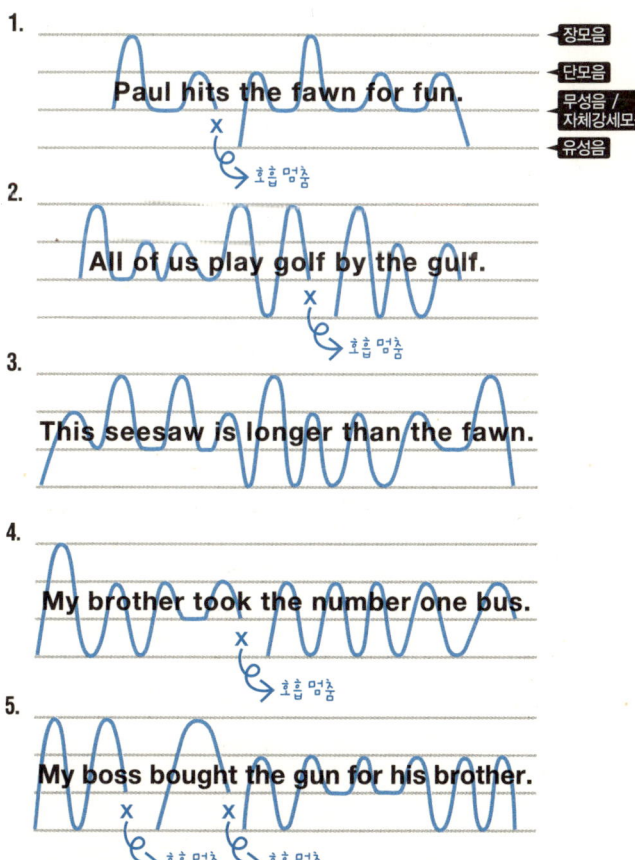

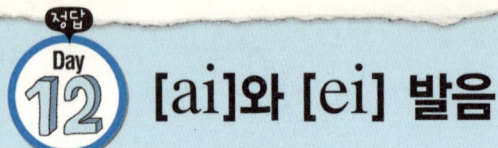

[ai]와 [ei] 발음

Word Practice

1. 다음 단어를 듣고 연습하면서 음높이 기호를 표시해 보세요.

ai	음높이 기호	ei	음높이 기호
❶ like	⌒	❾ ache	⌒
❷ time	⌒	❿ aid	⌒
❸ white	⌒	⓫ aim	⌒
❹ night	⌒	⓬ eight	⌒
❺ die	⌒	⓭ face	⌒
❻ eye	⌒	⓮ day	⌒
❼ ice	⌒	⓯ pray	⌒
❽ why	⌒	⓰ say	⌒

2. 다음 단어를 듣고 연습하면서 [ai]와 [ei] 발음기호를 표시하세요.

❶ buy	[ai]	❼ Kate	[ei]
❷ take	[ei]	❽ high	[ai]
❸ ride	[ai]	❾ date	[ei]
❹ gate	[ei]	❿ climb	[ai]
❺ die	[ai]	⓫ they	[ei]
❻ play	[ei]	⓬ spy	[ai]

Sentence Practice

다음 문장을 듣고 따라한 후, 문장의 음높이와 길이를 표시하세요.

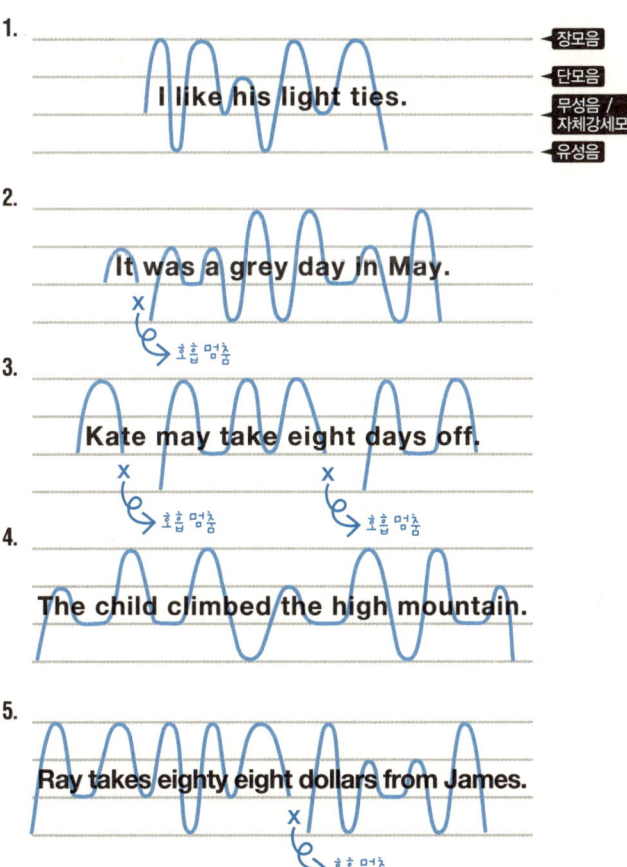

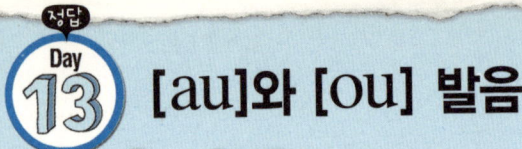

[au]와 [ou] 발음

Word Practice

1. 다음 단어를 듣고 연습하면서 음높이 기호를 표시해 보세요.

au	음높이 기호	ou	음높이 기호
❶ down	⌒	❾ post	⌒
❷ house	⌒	❿ cone	⌒
❸ mouse	⌒	⓫ phone	⌒
❹ brown	⌒	⓬ close	⌒
❺ bounce	⌒	⓭ know	⌒
❻ pound	⌒	⓮ owe	⌒
❼ town	⌒	⓯ cold	⌒
❽ boundary	⌒⌒	⓰ broke	⌒

2. 다음 단어를 듣고 연습하면서 [au]와 [ou] 발음기호를 표시하세요.

❶ ground	[au]	❼ toe	[ou]
❷ go	[ou]	❽ out	[au]
❸ slow	[ou]	❾ around	[au]
❹ loud	[au]	❿ no	[ou]
❺ sew	[ou]	⓫ now	[au]
❻ hope	[ou]	⓬ how	[au]

Sentence Practice

다음 문장을 듣고 따라한 후, 문장의 음높이와 길이를 표시하세요.

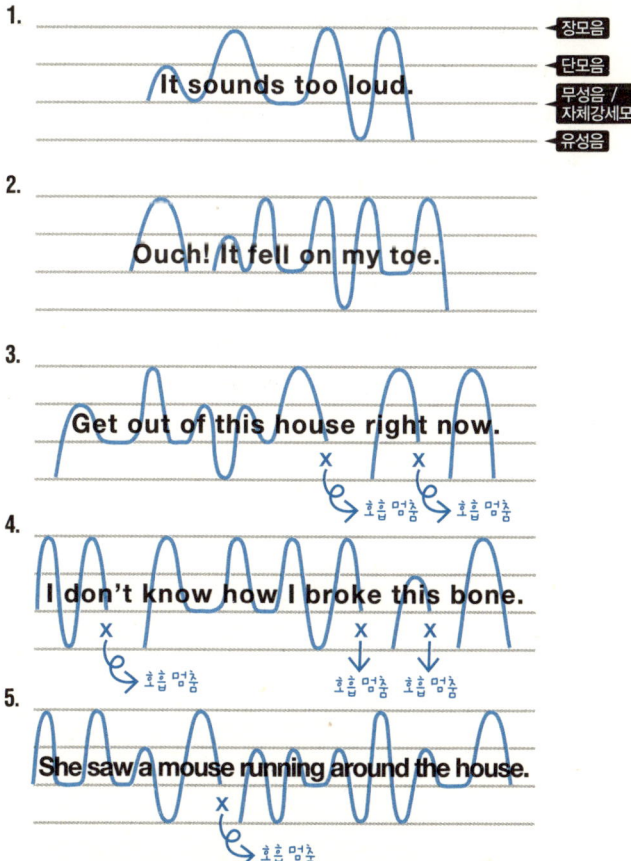

Day 14 [oi] 발음

Word Practice

1. 다음 단어를 듣고 연습하면서 음높이 기호를 표시해 보세요.

oi	음높이 기호	oi	음높이 기호
❶ choice	⌒	❷ point	⌒
❸ oink	⌒	❹ ointment	⌒ₓ⌒
❺ voice	⌒	❻ boy	⌒
❼ annoy	⌒⌒	❽ joy	⌒
❾ coin	⌒	❿ noise	⌒
⓫ toy	⌒	⓬ oil	⌒
⓭ boil	⌒	⓮ appointment	⌒ₓ⌒
⓯ joint	⌒	⓰ join	⌒

Sentence Practice

다음 문장을 듣고 따라한 후, 문장의 음높이와 길이를 표시하세요.

1. Roy has a low voice.

   - 장모음
   - 단모음
   - 무성음 / 자체강세모음
   - 유성음

2. She sells toys with joy.

3. Does Troy have some coins?

4. The car needs more engine oil.

5. I'd like to make an appointment.

   ↳ 호흡 멈춤

정답 | 219

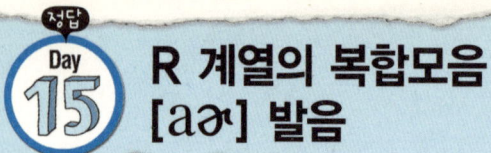

R 계열의 복합모음 [ɑɚ] 발음

Word Practice

1. 다음 단어를 듣고 연습하면서 음높이 기호를 표시해 보세요.

ɑɚ	음높이 기호	ɑɚ	음높이 기호
❶ arm	⌒	❷ farm	⌒
❸ art	⌒	❹ heart	⌒
❺ bark	⌒	❻ park	⌒
❼ car	⌒	❽ star	⌒
❾ hard	⌒	❿ guard	⌒
⓫ barn	⌒	⓬ darn	⌒
⓭ cart	⌒	⓮ start	⌒
⓯ far	⌒	⓰ jar	⌒

Sentence Practice

다음 문장을 듣고 따라한 후, 문장의 음높이와 길이를 표시하세요.

1. It's hard to understand art.

   - 장모음
   - 단모음
   - 무성음 / 자체강세모음
   - 유성음

2. The life guard is a super star.

   x → 호흡멈춤

3. The car needs more engine oil.

4. The farm is not far to go by car.

5. Do not park your car in front of the bar.

Day 16 R 계열의 복합모음 [eɚ]와 [iɚ] 발음

Word Practice

1. 다음 단어를 듣고 연습하면서 음높이 기호를 표시해 보세요.

eɚ	음높이 기호	iɚ	음높이 기호
❶ chair	⌒	❷ ear	⌒
❸ bear	⌒	❹ beer	⌒
❺ fair	⌒	❻ fear	⌒
❼ hair	⌒	❽ hear	⌒
❾ share	⌒	❿ deer	⌒
⓫ pear	⌒	⓬ dear	⌒
⓭ air	⌒	⓮ year	⌒
⓯ care	⌒	⓰ near	⌒

2. 다음 단어를 듣고 연습하면서 [eɚ]와 [iɚ] 발음기호를 표시하세요.

❶ rare	[eɚ]	❽ We're	[iɚ]
❷ beard	[iɚ]	❾ square	[eɚ]
❸ player	[eɚ]	❿ feared	[iɚ]
❹ there	[eɚ]	⓫ clear	[iɚ]
❺ cleared	[iɚ]	⓬ where	[eɚ]
❻ dare	[eɚ]	⓭ gear	[iɚ]
❼ tear ⓝ	[iɚ]	⓮ tear ⓥ	[eɚ]

Sentence Practice

다음 문장을 듣고 따라한 후, 문장의 음높이와 길이를 표시하세요.

1. We're living near here.

   - 장모음
   - 단모음
   - 무성음 / 자체강세모음
   - 유성음

2. She didn't share the pears.

3. Take care while you are there.

4. How dare you drink my beer?

   x ↳ 호흡멈춤

5. I can hear with my two ears.

✈ can이 [kən]으로 약세의 소리가 납니다.

정답 | 223

Day 17 R 계열의 복합모음 [ɔɚ]와 [uɚ] 발음

Word Practice

1. 다음 단어를 듣고 연습하면서 음높이 기호를 표시해 보세요.

ɔɚ	음높이 기호	uɚ	음높이 기호
❶ word	∩	❾ cure	⌒
❷ bore	∩	❿ poor	⌒
❸ door	∩	⓫ pure	⌒
❹ more	∩	⓬ sure	⌒
❺ corn	∩	⓭ tour	⌒
❻ horn	∩	⓮ your	∩
❼ born	∩	⓯ mature	∩∩
❽ bored	∩	⓰ lure	⌒

2. 다음 단어를 듣고 연습하면서 [ɔɚ]와 [uɚ] 발음기호를 표시하세요.

❶ orange(s)	[ɔɚ]	❼ your	[uɚ]
❷ tour	[uɚ]	❽ tore	[ɔɚ]
❸ pure	[uɚ]	❾ poor	[uɚ]
❹ sore	[ɔɚ]	❿ sure	[uɚ]
❺ cure	[uɚ]	⓫ core	[ɔɚ]
❻ worse	[ɔɚ]	⓬ lure	[uɚ]

Sentence Practice

다음 문장을 듣고 따라한 후, 문장의 음높이와 길이를 표시하세요.

1. How was the tour to Europe?

   - 장모음
   - 단모음
   - 무성음 / 자체강세모음
   - 유성음

2. Let's have some more popcorn.

3. His sore throat is getting worse and worse.

✈ and는 문장 안에서 [ən]으로 약세의 소리가 납니다.

4. She is very mature and pure hearted for her age.

5. He was unable to go on a tour because he got poor.

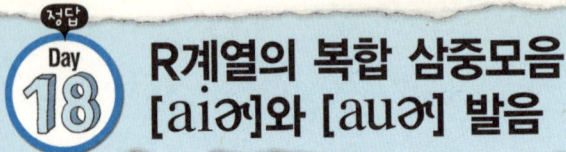

Day 18 R계열의 복합 삼중모음 [aiɚ]와 [auɚ] 발음

Word Practice

1. 다음 단어를 듣고 연습하면서 음높이 기호를 표시해 보세요.

aiɚ	음높이 기호	auɚ	음높이 기호
❶ hire	⌒	❷ hour	⌒
❸ wire	⌒	❹ our	⌒
❺ sire	⌒	❻ sour	⌒
❼ fire	⌒	❽ flour	⌒
❾ tire	⌒	❿ tower	⌒
⓫ higher	⌒	⓬ power	⌒
⓭ hire	⌒	⓮ flower	⌒
⓯ hired	⌒	⓰ bower	⌒

2. 다음 단어를 듣고 연습하면서 [aiɚ]와 [auɚ] 발음기호를 표시하세요.

❶ wired	[aiɚ]	❼ hour	[auɚ]
❷ flour	[auɚ]	❽ fired	[aiɚ]
❸ tired	[aiɚ]	❾ tower	[auɚ]
❹ Ireland	[aiɚ]	❿ flower	[auɚ]
❺ higher	[aiɚ]	⓫ bower	[auɚ]
❻ sour	[auɚ]	⓬ sire	[aiɚ]

Sentence Practice

다음 문장을 듣고 따라한 후, 문장의 음높이와 길이를 표시하세요.

1. I got fired the day I was hired.

   - 장모음
   - 단모음
   - 무성음 / 자체강세모음
   - 유성음

2. We need to go to Ireland, sire.

3. We'll lose our power in an hour.

4. The higher we go, the more tired we will be.

5. Let's drink some sour punch on top of Eiffel Tower.

   호흡멈춤

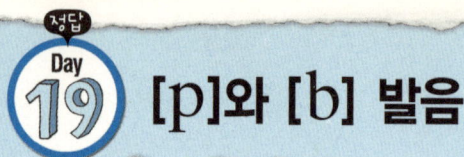

Day 19 [p]와 [b] 발음

Word Practice

1. 다음 단어를 듣고 연습하면서 음높이 기호를 표시해 보세요.

p	음높이 기호	b	음높이 기호
❶ pen	⌒	❷ ben	⌒
❸ push	⌒	❹ bush	⌒
❺ pull	⌒	❻ bull	⌒
❼ pin	⌒	❽ bin	⌒
❾ paid	⌒	❿ bate	⌒
⓫ pan	⌒	⓬ ban	⌒
⓭ pig	⌒	⓮ big	⌒
⓯ pack	⌒	⓰ back	⌒

2. 다음 단어를 듣고 연습하면서 [p]와 [b] 발음기호를 표시하세요.

❶ pear	[p]	❷ bear	[b]
❸ tap	[p]	❹ tab	[b]
❺ peach	[p]	❻ beach	[b]
❼ pitch	[p]	❽ bitch	[b]
❾ cap	[p]	❿ cab	[b]
⓫ cup	[p]	⓬ cub	[b]

Sentence Practice

다음 문장을 듣고 따라한 후, 문장의 음높이와 길이를 표시하세요.

1. Bob got another job.

- 장모음
- 단모음
- 무성음 / 자체강세모음
- 유성음

2. Can I borrow a pen, please?

3. Pete paid for the broken cup.

4. I had some beer with my peers.

5. Ben has never been to the beach.

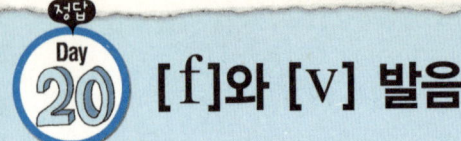

[f]와 [v] 발음

Word Practice

1. 다음 단어를 듣고 연습하면서 음높이 기호를 표시해 보세요.

f	음높이 기호	v	음높이 기호
❶ fan	⌒	❷ van	⌒
❸ face	⌒	❹ vase	⌒
❺ fact	⌒	❻ voice	⌒
❼ fun	⌒	❽ very	⌒⌒
❾ first	⌒	❿ vampire	⌒⌒
⓫ leaf	⌒	⓬ leave	⌒
⓭ half	⌒	⓮ have	⌒
⓯ safe	⌒	⓰ love	⌒

2. 다음 단어를 듣고 연습하면서 [f]와 [v] 발음기호를 표시하세요.

❶ rough	[f]	❷ give	[v]
❸ laugh	[f]	❹ live	[v]
❺ fan	[f]	❻ van	[v]
❼ fat	[f]	❽ vat	[v]
❾ face	[f]	❿ vase	[v]
⓫ half	[f]	⓬ have	[v]

Sentence Practice

다음 문장을 듣고 따라한 후, 문장의 음높이와 길이를 표시하세요.

1. Victoria loves this vase.
   ↳ 호흡 멈춤

   - 장모음
   - 단모음
   - 무성음 / 자체강세모음
   - 유성음

2. His funny voice made me laugh.
   ↳ 호흡 멈춤

3. Vincent is going to have a new van.

4. It is not fun to hit the ball in the rough.
   ↳ 호흡 멈춤

5. It is not safe to play in front of the fan.

Day 21 [d], [t], [n] 발음

Word Practice

1. 다음 단어를 듣고 연습하면서 음높이 기호를 표시해 보세요.

d	음높이 기호	t	음높이 기호	n	음높이 기호
❶ dunk	⌒	❾ trunk	⌒	⓱ not	⌒
❷ doughnut	⌒⌒	❿ toe	⌒	⓲ note	⌒
❸ day	⌒	⓫ ten	⌒	⓳ net	⌒
❹ do	⌒	⓬ two	⌒	⓴ now	⌒
❺ need	⌒	⓭ neat	⌒	㉑ sun	⌒
❻ bed	⌒	⓮ bet	⌒	㉒ can	⌒
❼ did	⌒	⓯ hit	⌒	㉓ one	⌒
❽ had	⌒	⓰ hat	⌒	㉔ gone	⌒

2. 다음 단어를 듣고 연습하면서 [d], [t], [n] 발음기호를 표시하세요.

❶ done	[d]	❽ tent	[t]	⓯ nine	[n]
❷ did	[d]	❾ taught	[t]	⓰ noon	[n]
❸ dip	[d]	❿ teach	[t]	⓱ night	[n]
❹ dad	[d]	⓫ fight	[t]	⓲ fun	[n]
❺ dead	[d]	⓬ won't	[t]	⓳ know	[n]
❻ down	[d]	⓭ about	[t]	⓴ knife	[n]
❼ lead	[d]	⓮ tree	[t]	㉑ gone	[n]

Sentence Practice

다음 문장을 듣고 따라한 후, 문장의 음높이와 길이를 표시하세요.

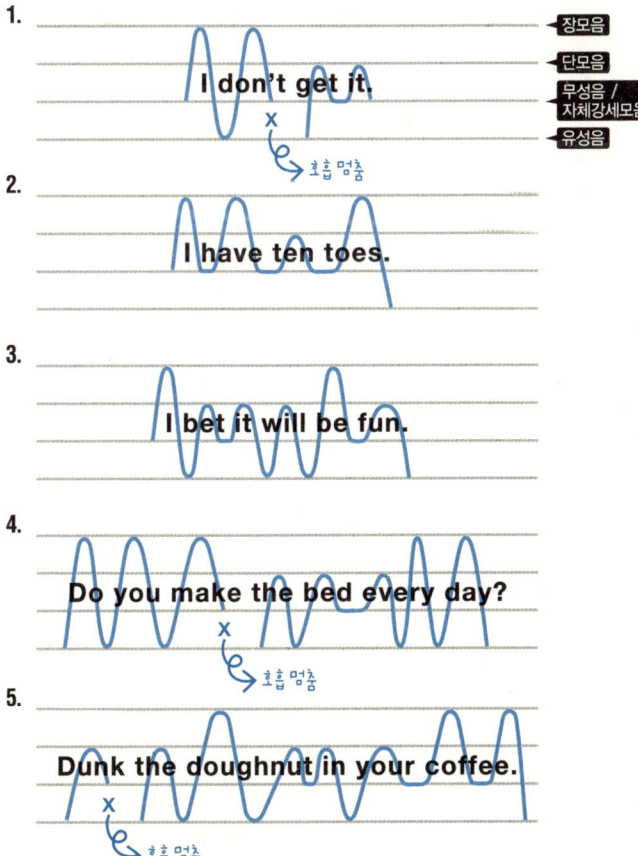

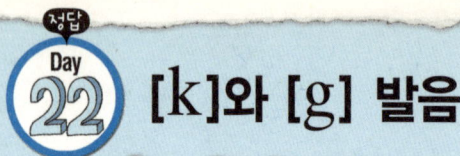

Day 22 [k]와 [g] 발음

Word Practice

1. 다음 단어를 듣고 연습하면서 음높이 기호를 표시해 보세요.

k	음높이 기호	g	음높이 기호
❶ keep	⌒	❾ good	⌒
❷ kite	⌒	❿ God	⌒
❸ could	⌒	⓫ ghost	⌒
❹ camp	⌒	⓬ goal	⌒
❺ cat	⌒	⓭ girl	⌒
❻ make	⌒	⓮ egg	⌒
❼ cake	⌒	⓯ hog	⌒
❽ ask	⌒	⓰ league	⌒

2. 다음 단어를 듣고 연습하면서 [k]와 [g] 발음기호를 표시하세요.

❶ cake	[k]	❽ give	[g]
❷ can	[k]	❾ gig	[g]
❸ make	[k]	❿ big	[g]
❹ cup	[k]	⓫ gun	[g]
❺ talk	[k]	⓬ goose	[g]
❻ kite	[k]	⓭ hug	[g]
❼ cook	[k]	⓮ google	[g]

Sentence Practice

다음 문장을 듣고 따라한 후, 문장의 음높이와 길이를 표시하세요.

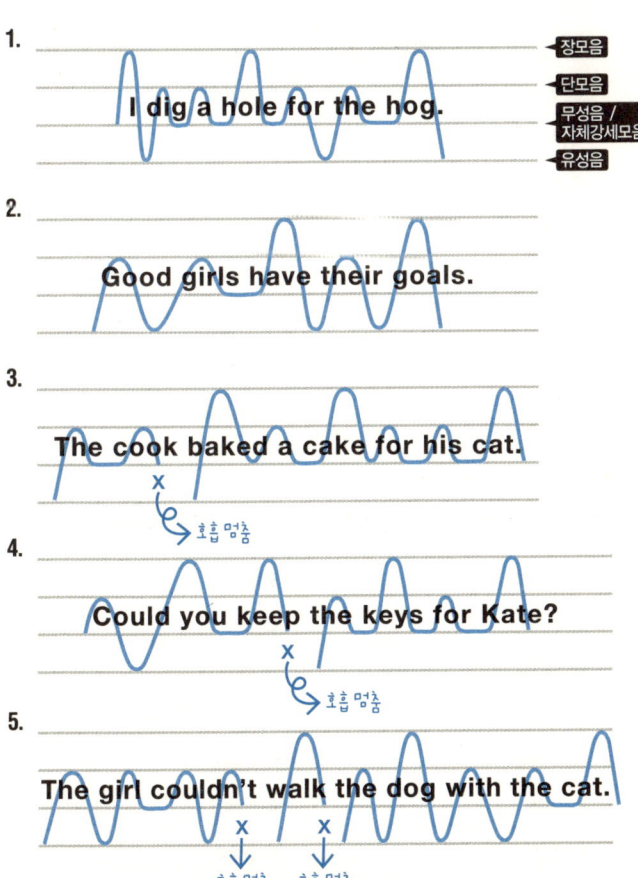

Day 23 [S]와 [Z] 발음

Word Practice

1. 다음 단어를 듣고 연습하면서 음높이 기호를 표시해 보세요.

S	음높이 기호	Z	음높이 기호
❶ sew	⌒	❾ zone	⌒
❷ sue	⌒	❿ zoo	⌒
❸ scene	⌒	⑪ zebra	⌒⌒
❹ sip	⌒	⑫ zip	⌒
❺ bus	⌒	⑬ buzz	⌒
❻ ice	⌒	⑭ eyes	⌒
❼ kiss	⌒	⑮ his	⌒
❽ place	⌒	⑯ plays	⌒

2. 다음 단어를 듣고 연습하면서 [S]와 [Z] 발음기호를 표시하세요.

❶ snake	[S]	❽ zip	[Z]
❷ skin	[S]	❾ zero	[Z]
❸ student	[S]	❿ zoo	[Z]
❹ spy	[S]	⑪ he's	[Z]
❺ pass	[S]	⑫ ease	[Z]
❻ bus	[S]	⑬ buzz	[Z]
❼ gas	[S]	⑭ hers	[Z]

Sentence Practice

다음 문장을 듣고 따라한 후, 문장의 음높이와 길이를 표시하세요.

1. I saw Sam kissing.

   - 장모음
   - 단모음
   - 무성음 / 자체강세모음
   - 유성음

2. Susan sewed seven skirts.

3. Place some ice on the desk.

4. I saw some zebras in the zoo.

5. Zip your lips and close your eyes.

   호흡 멈춤

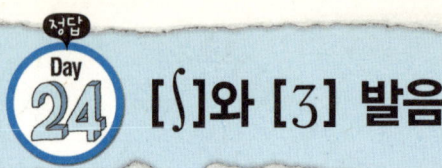

[ʃ]와 [ʒ] 발음

Word Practice

1. 다음 단어를 듣고 연습하면서 음높이 기호를 표시해 보세요.

ʃ	음높이 기호	ʒ	음높이 기호
❶ she	⌒	❾ beige	⌒
❷ shine	⌒	❿ Jolie	⌒⌒
❸ shore	⌒	⓫ Moulin Rouge	⌒⌒⌒
❹ show	⌒	⓬ measure	⌒⌒
❺ shell	⌒	⓭ pleasure	⌒⌒
❻ sure	⌒	⓮ vision	⌒⌒
❼ cash	⌒	⓯ usual	⌒⌒
❽ dish	⌒	⓰ leisure	⌒⌒

2. 다음 단어를 듣고 연습하면서 [ʃ]와 [ʒ] 발음기호를 표시하세요.

❶ sheep	[ʃ]	❼ beige	[ʒ]
❷ shine	[ʃ]	❽ leisure	[ʒ]
❸ shrimp	[ʃ]	❾ vision	[ʒ]
❹ flash	[ʃ]	❿ decision	[ʒ]
❺ bush	[ʃ]	⓫ excursion	[ʒ]
❻ shell	[ʃ]	⓬ usually	[ʒ]

Sentence Practice

다음 문장을 듣고 따라한 후, 문장의 음높이와 길이를 표시하세요.

1. Shane rarely needs supervision.

   - 장모음
   - 단모음
   - 무성음 / 자체강세모음
   - 유성음

2. She sells seashells by the seashore.

3. Sean washes the dishes with fresh water.

   x ↳ 호흡멈춤

4. Jolie drove her beige car to see Moulin Rouge.

5. I usually feel a great pleasure when I watch television.

Day 25 [tʃ]와 [dʒ] 발음

Word Practice

1. 다음 단어를 듣고 연습하면서 음높이 기호를 표시해 보세요.

tʃ	음높이 기호	dʒ	음높이 기호
❶ charm	⌒	❾ just	⌒
❷ child	⌒	❿ Jim	⌒
❸ chase	⌒	⓫ jungle	⌒⌒
❹ chair	⌒	⓬ George	⌒
❺ chicken	⌒⌒	⓭ jump	⌒
❻ each	⌒	⓮ large	⌒
❼ teach	⌒	⓯ edge	⌒
❽ punch	⌒	⓰ bridge	⌒

2. 다음 단어를 듣고 연습하면서 [tʃ]와 [dʒ] 발음기호를 표시하세요.

❶ charm	[tʃ]	❼ juggle	[dʒ]
❷ champ	[tʃ]	❽ jet	[dʒ]
❸ church	[tʃ]	❾ judge	[dʒ]
❹ punch	[tʃ]	❿ change	[dʒ]
❺ pitch	[tʃ]	⓫ page	[dʒ]
❻ change	[tʃ]	⓬ age	[dʒ]

Sentence Practice

다음 문장을 듣고 따라한 후, 문장의 음높이와 길이를 표시하세요.

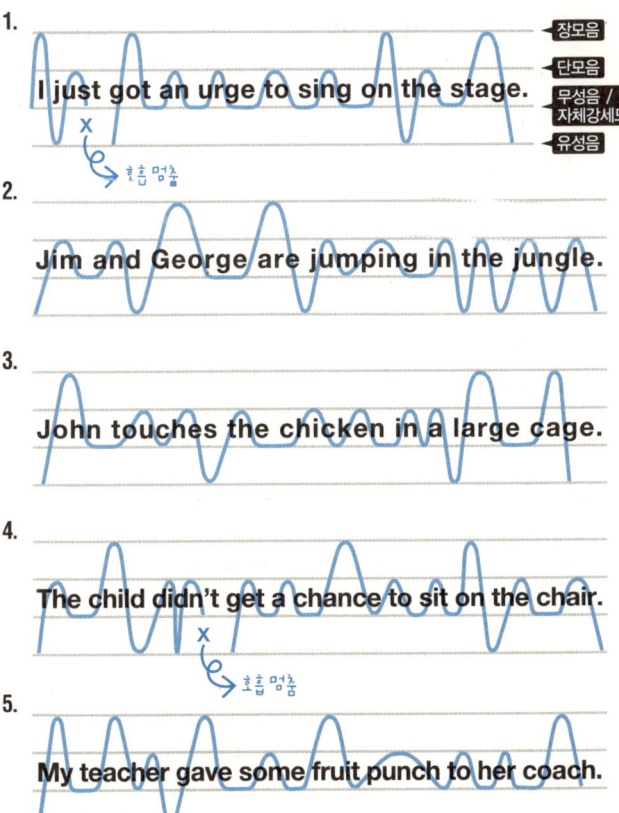

Day 26 [θ]와 [ð] 발음

Word Practice

1. 다음 단어를 듣고 연습하면서 음높이 기호를 표시해 보세요.

θ	음높이 기호	ð	음높이 기호
❶ three	⌒	❾ this	⌒
❷ thumb	⌒	❿ that	⌒
❸ theater	⌒⌒	⓫ those	⌒
❹ thank	⌒	⓬ these	⌒
❺ think	⌒	⓭ their	⌒
❻ thin	⌒	⓮ then	⌒
❼ both	⌒	⓯ without	⌒⌒
❽ mouth	⌒	⓰ soothe	⌒

2. 다음 단어를 듣고 연습하면서 [θ]와 [ð] 발음기호를 표시하세요.

❶ through	[θ]	❼ though	[ð]
❷ thigh	[θ]	❽ them	[ð]
❸ bath	[θ]	❾ bathe	[ð]
❹ breath	[θ]	❿ breathe	[ð]
❺ cloth	[θ]	⓫ clothe(s)	[ð]
❻ think	[θ]	⓬ smooth	[ð]

Sentence Practice

다음 문장을 듣고 따라한 후, 문장의 음높이와 길이를 표시하세요.

1. I've never thought of their death.

   - 장모음
   - 단모음
   - 무성음 / 자체강세모음
   - 유성음

2. She is wearing a smooth bathing suit.

3. Heaven helps those who help themselves.
   x → 호흡 멈춤   x → 호흡 멈춤

4. I thought February thirteenth was Thursday.
   x → 호흡 멈춤

5. Her fingers are thin, but her eyebrows are thick.

Day 27 [h], [j], [w] 발음

Word Practice

1. 다음 단어를 듣고 연습하면서 음높이 기호를 표시해 보세요.

h	음높이 기호	j	음높이 기호	w	음높이 기호
❶ he	⌒	❾ yes	⌒	⓱ weak	⌒
❷ heat	⌒	❿ yellow	⌒⌒	⓲ wet	⌒
❸ her	⌒	⓫ young	⌒	⓳ would	⌒
❹ have	⌒	⓬ yolk	⌒	⓴ world	⌒
❺ happy	⌒⌒	⓭ year	⌒	㉑ whether	⌒⌒
❻ holiday	⌒⌒⌒	⓮ usual	⌒⌒⌒	㉒ with	⌒ / ⌒
❼ heard	⌒	⓯ Europe	⌒⌒	㉓ swim	⌒
❽ hit	⌒	⓰ few	⌒	㉔ twins	⌒

2. 다음 단어를 듣고 연습하면서 [h], [j], [w] 발음기호를 표시하세요.

❶ high	[h]	❼ yell	[j]	⓭ wine	[w]
❷ hope	[h]	❽ yawn	[j]	⓮ won't	[w]
❸ home	[h]	❾ use	[j]	⓯ wood	[w]
❹ ham	[h]	❿ yellow	[j]	⓰ what	[w]
❺ hand	[h]	⓫ useful	[j]	⓱ wolf	[w]
❻ hint	[h]	⓬ yarn	[j]	⓲ wide	[w]

Sentence Practice

다음 문장을 듣고 따라한 후, 문장의 음높이와 길이를 표시하세요.

1. What did he hear from her?
   - 장모음
   - 단모음
   - 무성음 / 자체강세모음
   - 유성음

   호흡멈춤

2. Separate the yolk for your health.

   호흡멈춤

3. I hope you have a happy holiday.

   호흡멈춤

4. There are only a few new tubes left in the wagon.

5. Would you like to travel around the world with me?

[m]과 [ŋ] 발음

Word Practice

1. 다음 단어를 듣고 연습하면서 음높이 기호를 표시해 보세요.

m	음높이 기호	ŋ	음높이 기호
❶ Maria	⌒⌒	❾ hang	⌒
❷ mad	⌒	❿ being	⌒⌒
❸ make	⌒	⓫ hurrying	⌒⌒⌒
❹ mean	⌒	⓬ seeing	⌒⌒
❺ him	⌒	⓭ studying	⌒⌒⌒
❻ swim	⌒	⓮ sing	⌒
❼ some	⌒	⓯ going	⌒⌒
❽ game	⌒	⓰ lung	⌒

2. 다음 단어를 듣고 연습하면서 [m]과 [ŋ] 발음기호를 표시하세요.

❶ main	[m]	❼ hang	[ŋ]
❷ mine	[m]	❽ bang	[ŋ]
❸ mom	[m]	❾ ring	[ŋ]
❹ team	[m]	❿ sing	[ŋ]
❺ fame	[m]	⓫ being	[ŋ]
❻ morning	[m]	⓬ saying	[ŋ]

Sentence Practice

다음 문장을 듣고 따라한 후, 문장의 음높이와 길이를 표시하세요.

1. Seeing is believing.

   - 장모음
   - 단모음
   - 무성음 / 자체강세모음
   - 유성음

2. The mean girl made Maria mad.

3. Mom must come home with him.

4. We are having something delicious.

5. You should be more interested in your parents' well-being.

   호흡 멈춤

파트별로 툭하면 출제되는 어휘

토익보카 강사되다

- 제 목: 토익, 보카강사 되다!
- 저 자: 위아북스 컨텐츠개발팀
- 판 형: 115 * 180 mm
- 페이지: 356쪽
- 가 격: 8,000원
- 구 성: 본책 + MP3 무료 음성파일

토익 어휘는 끝이다! 딱 20일, 들고만 다녀라!

- 파트별로 툭하면 출제되는 어휘 완벽 수록
- 하루치 적정 학습량으로 20일이면 완벽하게 정리되도록 체계적으로 구성

강남 대표 영어강사의 영어 육아법

엄마, 영어 강사되다

- 제 목: 엄마, 영어강사 되다!
- 저 자: Eugene Lee
- 판 형: 115 * 180 mm
- 페이지: 232쪽 / 4도
- 가 격: 10,800원
- 구 성: 본책 + MP3 무료 음성파일

스마트한 우리 엄마! 이 책으로 우리 엄마도 인기 영어강사!

- 사진으로 이미지화한 엄마와 아이의 일상 표현 100문장 구성
- 대한민국 대표 영어 강사가 전수하는 영어 학습 노하우와 상황별 아이 표현, 엄마 표현을 수록